Mahatma Gandhi

Für Pazifisten

Juni 1996

Für Familie Kreuz mit guten Wünschen von Wolfgang Sternstein

POLITIK
Verstehen und Handeln

Band 2

LIT

Mahatma Gandhi

Für Pazifisten

Herausgegeben von Bharatan Kumarappa
Übersetzung und Nachwort von Wolfgang Sternstein

LIT

Die Deutsche Bibliothek – CIP-Einheitsaufnahme

Gandhi, Mahatma
Für Pazifisten : Herausgegeben von Bharatan Kumarappa. Übersetzung und Nachwort von Wolfgang Sternstein / Mahatma Gandhi . – Münster : Lit, 1996
    (Politik: Verstehen und Handeln ; 2 .)
    ISBN 3-8258-2136-6

NE: GT

© LIT VERLAG
    Dieckstr. 73   48145 Münster   Tel. 0251–23 50 91   Fax 0251–23 19 72

Inhalt

Vorwort des Herausgebers   **1**
1. Eine Abhandlung über Gewaltfreiheit 3
2. Das Gesetz der Gewaltfreiheit 3
3. Beweise für die Kraft der Liebe 6
4. Die Wirkung der Gewaltfreiheit 8
5. Gewalt schließt Gottlosigkeit ein 9
6. Mut ist nötig 10
7. Leiden und Opfer 14
8. Ausbildung in Gewaltfreiheit 14
9. Ein gewaltfreies Individuum genügt 19
10. Fasten 20
11. Mittel und Zweck 21
12. Verbrechen und Strafe 23
13. Satjagraha oder gewaltfreier Widerstand 25
14. Eine gewaltfreie Polizei 26
15. Eine gewaltfreie Armee 28
16. Rüstung und Militär in einem unabhängigen Indien 38
17. Militärische Ausbildung 40
18. Krieg oder Frieden 41
19. Warum ich im Krieg Hilfsdienste leistete 42
20. Gewaltfreiheit zwischen den Nationen 51
21. Rassenkonflikte 65
22. Abrüstung 70
23. Die Atombombe 72
24. Verbrannte Erde 73
25. Sabotage und Geheimhaltung 74
26. Das Rote Kreuz 76

27	Völkerbund	77
28	Demokratie	77
29	Wirtschaftliche und soziale Gerechtigkeit	81
30	Indien und sein gewaltfreies Erbe	92
31	Abschließende Bestandsaufnahme	92

Gandhi – eine Herausforderung für unsere Zeit   **94**

Vorwort des Herausgebers

Eine kriegsmüde Welt sucht verzweifelt nach einer Alternative zum Krieg. Sie ist in Angst und Schrecken versetzt durch die Aussicht, die Menschheit könnte durch die Atombombe als Ganzes ausgelöscht werden. Andere wiederum glauben, das mit dem Krieg zwangsläufig verbundene Töten von Menschen verstoße gegen die Religion. Deshalb wollen sie mit dem Krieg nichts zu tun haben. In beiden Fällen ist das zugrundeliegende Motiv des Pazifismus offensichtlich negativ. Es geht um die Vermeidung von Krieg.

Im Gegensatz dazu ist Gandhis Konzept wesentlich positiv. Seine Gewaltfreiheit ist nicht bloß eine Waffe der Kriegsverhinderung. Sie muß vielmehr jede Faser der eigenen Person durchdringen und alle Aspekte des Lebens revolutionieren – den individuellen, häuslichen, sozialen, politischen und wirtschaftlichen. Der Einzelne hat Gewaltfreiheit im täglichen Leben zu praktizieren. Er hat beispielsweise dafür zu sorgen, daß er unter keinen Umständen an Ausbeutung und Unrecht teilhat, wie das der Fall ist, wenn er Güter verbraucht, die von Kapitalisten, die Arbeiter oder Kolonialvölker ausbeuten, hergestellt werden, oder, wenn er durch seine Steuern eine imperialistische Regierung unterstützt. Der wahrhaft gewaltfreie Mensch vereinfacht sein Leben und schränkt seine Bedürfnisse soweit ein, daß er für sich selbst nicht mehr nimmt als der Niedrigste unter seinen Nachbarn. Ferner ist er ein Streiter gegen jede Art von Unterdrückung und Unrecht, wobei er bereit sein muß, im gewaltfreien Kampf sein Leben hinzugeben.

Es ist daher ein weiter Weg vom Pazifismus zu Gandhis Konzept der Gewaltfreiheit. Während die Pazifisten hoffen, sich vom Krieg hauptsächlich dadurch zu befreien, daß sie sich zu kämpfen weigern und Propaganda gegen den Krieg machen, setzt Gandhi viel tiefer an, indem er die Unvermeidlichkeit des Krieges erkennt, solange seine Saatkörner in der Brust des Menschen zurückbleiben und in sein soziales, politisches und wirtschaftliches Leben hineinwachsen. Gandhis Heilmethode ist deshalb sehr radikal und weitreichend. Sie fordert nicht weniger als die Austilgung der Gewalt aus der eigenen Person und der eigenen Umgebung.

Es bleibt abzuwarten, ob die Welt Gandhis Methode annimmt. Sie erfordert Selbstbeschränkung und Entsagung, während alles in der modernen Industriegesellschaft in Richtung auf Zügellosigkeit und Vermehrung der Bedürfnisse tendiert. Westliche Pazifisten wollen in der Regel ihren Lebensstandard erhalten. Sie sind nicht darauf vorbereitet, ihn auf irgendeine Weise herunterzuschrauben. Sie wollen lediglich den Krieg abschaffen, ohne ihren Lebensstil im geringsten zu ändern. Sie wollen beides, Gott und Mammon. Es ist zu hoffen, daß dieses Büchlein den Liebhabern des Friedens die Torheit dieses Standpunkts deutlich vor Augen führt.

Viele Pazifisten sehen in Gandhis Teilnahme am Krieg zu verschiedenen Zeiten seines Lebens ein Rätsel und ein Mysterium. Deshalb wurde hier der Versuch unternommen, ihn sich selbst so weit als möglich erklären zu lassen.

Es wäre falsch zu glauben, dieses Büchlein könnte ein vollständiges Bild von Gandhis Lehren zur Gewaltfreiheit bieten. Wer danach sucht, muß sich an die beiden Bände von *Non-violence in Peace and War* halten. Hier konnte nicht mehr geleistet werden, als auf möglichst engem Raum das Wesentliche seiner Lehre, soweit sie für Probleme, die Pazifisten interessieren, bedeutsam ist, darzulegen. Der Nachdruck liegt folglich eher auf allgemeinen Prinzipien und internationalen Fragen als auf typisch indischen Problemen.

Die Kapitelüberschriften stammen von mir, wie auch – selbstverständlich – die Anordnung des Materials[1].

Bombay, November 1949
Bharatan Kumarappa

---

[1] Die Angaben "Jung Indien" und "Haridschan" in Verbindung mit einem Datum unter einem Teil der Texte beziehen sich auf die Erstveröffentlichung in einer dieser beiden von Gandhi herausgegebenen Zeitschriften. Mit ihrer Hilfe kann der englische Originaltext in den chronologisch geordneten "Collected Works of Mahatma Gandhi", Ahmedabad, aufgefunden werden.

1 Eine Abhandlung über Gewaltfreiheit

Ein Freund schlägt mir vor, eine Abhandlung über die Wissenschaft von Ahimsa[2] zu schreiben. Eine solche Abhandlung geht über meine Kraft. Ich bin nicht geschaffen für akademische Schriften. Mein Feld ist das Handeln. Ich tue, was ich nach meiner Einsicht für meine Pflicht halte und was mir gerade in den Weg kommt. All mein Handeln wird vom Geist des Dienens beflügelt. Wer dazu befähigt ist, Ahimsa zum Rang einer systematischen Wissenschaft zu erheben, möge das tun – sofern sie sich zu einer solchen Behandlung wirklich eignet.

Aus dem eben Gesagten kann man schließen, daß es gegenwärtig keinen Bedarf für eine wissenschaftliche Abhandlung der in Frage stehenden Art gibt. Etwas derartiges zu meinen Lebzeiten zu versuchen, bliebe notgedrungen unvollständig. Wenn überhaupt, kann eine solche Abhandlung allenfalls nach meinem Tod geschrieben werden. Und selbst dann muß ich davor warnen zu glauben, es könnte jemals gelingen, eine erschöpfende Darstellung von Ahimsa zu geben. Niemand war je imstande, Gott vollständig zu beschreiben. Dasselbe gilt von Ahimsa. Ich kann nicht garantieren, daß ich morgen dasselbe tun oder glauben werde, was ich heute tue oder für wahr halte. Gott allein ist allwissend. Der Mensch in seiner irdischen Existenz ist prinzipiell unvollkommen. Mag er auch nach dem Bilde Gottes geschaffen sein, so ist er doch weit davon entfernt, Gott zu sein. Gott ist unsichtbar. Er ist für das menschliche Auge unerreichbar. Alles, was wir tun können, ist zu versuchen, die Worte und Taten derjenigen zu verstehen, die wir als Gottesdiener betrachten. Ihre Worte und Taten sollten unser ganzes Wesen durchdringen und wir sollten danach streben, sie in die Tat umzusetzen, doch nur, soweit sie an unser Herz appellieren. Könnte ein wissenschaftliches Traktat mehr für uns tun?

Haridschan, 3. 3. 1946

2 Das Gesetz der Gewaltfreiheit

Ich bin kein Visionär. Ich behaupte, ein *praktischer Idealist* zu sein. Die Religion der Gewaltfreiheit ist nicht nur für Rischis[3] und Heilige gemacht, sie ist auch für

---

[2] Ahimsa (a = nicht, himsa = Gewalt) bedeutet wörtlich Nichtgewalt, Gewaltverzicht, Gewaltlosigkeit. Damit ist eine Haltung gemeint, die sich vom Gedanken der "Ehrfurcht vor dem Leben" (Albert Schweitzer) bestimmen läßt. Gandhi, dessen Terminologie nicht immer sehr präzise ist, verwendet Ahimsa auch im Sinne einer aktiven, positiven, aufbauenden, schöpferischen und befreienden Kraft.

[3] Sanskritwort für Propheten

das gewöhnliche Volk gedacht. Gewaltfreiheit ist das Gesetz unserer Art, wie Gewalt das Gesetz der Bestie. Der Geist schlummert in der Bestie, so daß sie kein anderes Gesetz kennen kann als das der physischen Kraft. Die Würde des Menschen fordert Ergebung an ein höheres Gesetz – an die Kraft des Geistes.

Darum habe ich es unternommen, in Indien das alte Gesetz der Selbstaufopferung wieder aufzurichten. Denn Satjagraha[4] und seine Schößlinge Nichtzusammenarbeit und ziviler Widerstand sind nur neue Namen für das Gesetz des Leidens. Die Rischis, die das Gesetz der Gewaltfreiheit inmitten einer Welt der Gewalt entdeckten, waren größere Genies als Newton, größere Feldherren als Wellington. Selber geübt im Gebrauch der Waffen, erkannten sie deren Nutzlosigkeit und lehrten eine geplagte Welt, daß ihr Heil nicht in der Gewalt liege, sondern in der Gewaltfreiheit.

Gewaltfreiheit bedeutet in ihrer Auswirkung bewußtes Leiden. Sie bedeutet nicht Unterwerfung unter den Willen des Übeltäters, sondern Einsetzen der ganzen Seelenkraft gegen den Willen des Tyrannen. Sofern er sich in seinem Wirken durch dieses Gesetz bestimmen läßt, ist es auch einem Einzelnen möglich, der ganzen Macht eines ungerechten Reiches die Stirn zu bieten, um seine Ehre, seine Religion und seine Seele zu retten.

Jung Indien, 11.8.1920

Ich erfand den Begriff Gewaltfreiheit (non-violence), um die Grundbedeutung von Ahimsa auszudrücken. Trotz des verneinenden Partikels "nicht" (non) ist es keine verneinende Kraft. Oberflächlich betrachtet sind wir im Leben von Hader und Blutvergießen umgeben. Leben lebt von Leben. Doch einige große Seher, die vor Zeiten in das Zentrum der Wahrheit vordrangen, erkannten, nicht durch Streit und Gewalt, sondern nur durch Gewaltfreiheit kann der Mensch seine Bestimmung und seine Pflicht gegenüber seinen Mitgeschöpfen erfüllen. Es handelt sich um eine Kraft, weit positiver als Elektrizität. Im Mittelpunkt der Gewaltfreiheit wirkt eine selbsttätige Kraft. Ahimsa bedeutet Liebe im paulinischen Sinn, sogar noch mehr als "Liebe" nach der Definition von Paulus, obgleich ich weiß, daß Paulus' wunderbare Definition für alle praktischen Zwecke ausreicht. Ahimsa schließt die ganze Schöpfung ein; sie beschränkt sich nicht auf die Liebe zwischen Menschen. Doch hat "Liebe" in der englischen Sprache auch noch andere Bedeutungen und so war ich gezwungen, ein verneinendes Wort zu gebrauchen. Es ist jedoch, wie gesagt, kein Ausdruck

---

[4] Satjagraha (satja = Wahrheit, agraha = festhalten, ergreifen) ist ein von Gandhi gebildetes Kunstwort. Es bedeutet Streben nach Wahrheit, Kraft der Wahrheit, die für Gandhi gleichbedeutend ist mit Gott, also die Kraft Gottes in uns. Der Begriff wird von Gandhi im Sinne des gewaltfreien Widerstands verwendet.

für eine verneinende Kraft, sondern für eine Kraft, die größer ist als alle anderen Kräfte zusammengenommen. Ein Mensch, der fähig ist, Ahimsa in seinem Leben auszudrücken, gebraucht damit eine Kraft, die allen rohen Naturkräften überlegen ist.

Frage: Kann sie von jedem erreicht werden?

Antwort: Gewiß, denn wäre sie nur wenigen vorbehalten, würde ich sie augenblicklich ablehnen.

Haridschan, 14. 3. 1936

Gewaltfreiheit, wie ich sie verstehe, bedeutet einen aktiveren und wirkungsvolleren Kampf gegen Bosheit als Vergeltung, die im Grunde die Bosheit nur vermehrt. Ich denke dabei an einen geistigen und folglich moralischen Widerstand gegen jede Art von Unmoral. Mir geht es allein darum, die Schneide des Tyrannenschwerts abzustumpfen, nicht indem ich eine schärfere Waffe dagegensetze, sondern indem ich die Erwartung enttäusche, ich würde physischen Widerstand leisten. Der Widerstand der Seele, den ich stattdessen biete, läßt den Tyrannen ins Leere laufen, verwirrt ihn zunächst und erzwingt schließlich seine Anerkennung, eine Anerkennung, die ihn nicht erniedrigt, sondern erhöht. Dagegen läßt sich einwenden, das sei schon wieder die Beschreibung eines Idealzustands. Das ist richtig. Die Voraussetzungen, aus denen ich meine Argumente ableite, sind so wahr wie Euklids Definitionen. Obwohl wir nicht imstande sind, auch nur die euklidische Gerade auf eine Tafel zu zeichnen, sind sie dennoch wahr. Selbst ein Mathematiker kann ohne die Vorstellung von den euklidischen Definitionen nicht arbeiten. Ebensowenig können wir auf die grundlegenden Voraussetzungen verzichten, auf die sich die Lehre des Satjagraha gründet.

Jung Indien, 8. 10. 1925

Gegenseitiges Vertrauen und gegenseitige Liebe sind kein Vertrauen und keine Liebe. Wahre Liebe besteht darin, den zu lieben, der dich haßt, den Nächsten zu lieben, selbst wenn du ihm mißtraust. Ich habe gute Gründe, dem offiziellen England zu mißtrauen. Wenn meine Liebe jedoch aufrichtig ist, muß ich den Engländer trotz meines Mißtrauens lieben. Was nützt meine Liebe, wenn sie nur so lange hält, als ich meinem Freund vertraue? Selbst die Diebe tun das. Sie werden in dem Augenblick zu Feinden, wenn das Vertrauen dahin ist.

Haridschan, 3. 3. 1946

Wir kennen noch nicht einmal die unzähligen Eigenschaften eines alltäglichen Gebrauchsgegenstandes wie Wasser. Einige dieser Eigenschaften erfüllen uns mit Staunen. Wir sollten daher eine Kraft der feinsten Art wie Ahimsa nicht bagatellisieren. Wir sollten vielmehr versuchen, mit Geduld und Glauben ihre verborgene Macht zu entdecken. Wir haben in kurzer Zeit ein großes Experiment in der Anwendung dieser Kraft zu einem ziemlich erfolgreichen Ende geführt. Ich hatte seine Erfolgsaussicht, wie ihr wißt, nicht besonders hoch eingeschätzt. Ich hatte sogar gezögert, es ein Experiment in Ahimsa zu nennen. Doch so wie in der Legende Ramas Name genügte, um Steine schwimmen zu lassen, so hat auch die Bewegung, die unter dem Namen Ahimsa durchgeführt wurde, ein großes Erwachen im Land bewirkt und uns vorangebracht. Es ist schwer vorauszusagen, was möglich ist, wenn Menschen mit unbeugsamem Glauben dieses Experiment weiter vorantreiben. In den meisten Fällen, so lehrt uns die Erfahrung, ist Gewaltfreiheit ein wirksames Gegengift zur Gewalt und daraus läßt sich ableiten, daß die größte Gewalt durch die größte Gewaltfreiheit überwunden werden kann.

Haridschan, 28. 7. 1940

3 Beweise für die Kraft der Liebe

Die Kraft der Liebe ist identisch mit der Kraft der Seele oder der Wahrheit. Auf jeder Stufe haben wir Beweise für ihre Wirksamkeit. Das Universum würde ohne diese Kraft zu existieren aufhören. Das Dasein Tausender, ja Zehntausender, hängt von der ganz besonderen Wirksamkeit dieser Kraft ab. Kleine Streitereien im täglichen Leben von Millionen Familien verschwinden, wenn diese Kraft ins Spiel kommt. Nationen leben in Frieden. Die Geschichte nimmt davon keine Notiz, und sie kann es auch nicht. Die Geschichte berichtet vielmehr über jede Unterbrechung des gleichmäßigen Wirkens der Liebes- oder Seelenkraft. Zwei Brüder streiten sich. Einer von ihnen bereut und erweckt aufs neue die Liebe, die in ihm geschlafen hat. Die beiden leben wieder in Frieden zusammen. Niemand nimmt davon Notiz. Doch wenn die beiden Brüder aufgrund des Eingreifens von Rechtsanwälten oder aus irgend einem anderen Grund zu den Waffen greifen oder vor Gericht gehen – was eine andere Form ist, rohe Kraft zur Schau zu stellen –, so würde ihr Tun sofort von der Presse beachtet, sie wären das Gespräch ihrer Nachbarn und würden wahrscheinlich in die Geschichte eingehen. Und was für Familien und Gemeinschaften gilt, gilt auch für Nationen. Es gibt keinen vernünftigen Grund anzunehmen, es gäbe ein Gesetz für die Familien und ein anderes für die Nationen. Die Geschichte ist somit der Bericht über die Unterbrechung des natürlichen Ablaufs. Seelenkraft findet in der Geschichtsschreibung keine Beachtung, weil sie natürlich ist.

Hind Swaradsch, Kapitel XVII.

Wenn wir die Zeitspanne vom Ursprung der Geschichte bis zur Gegenwart überblicken, werden wir feststellen, daß die Menschheit ständig in Richtung auf Ahimsa fortgeschritten ist. Unsere fernen Ahnen waren Kannibalen. Dann kam eine Zeit, da sie vom Kannibalismus genug hatten und von der Jagd zu leben begannen. Danach kam eine Epoche, wo sich der Mensch schämte, das Leben eines wandernden Jägers zu führen. Er wandte sich dem Ackerbau zu und suchte seine Nahrung fortan hauptsächlich bei Mutter Erde. So wandelte sich sein Nomadenleben in ein zivilisiertes Leben an festen Wohnsitzen. Er gründete Dörfer und Städte und wurde so aus einem Mitglied der Sippe zu einem Mitglied der Gemeinde und Nation. Das alles sind Anzeichen fortschreitender Ahimsa und abnehmender Himsa. Wäre es anders gewesen, so wäre die menschliche Gattung bereits untergegangen, gerade so wie viele niedrige Tierarten ausgestorben sind.

Desgleichen haben Propheten und Awatars[5] die Lehre der Ahimsa mehr oder weniger verkündet. Keiner von ihnen hat sich als Lehrer von Himsa (Gewalt) bezeichnet. Und wie hätte es auch anders sein können? Himsa braucht nicht gelehrt zu werden. Der Mensch als Tier ist gewalttätig, doch als Geist ist er gewaltfrei. Von dem Augenblick an, da der Geist in ihm erwacht, kann er nicht gewalttätig bleiben. Entweder schreitet er zur Ahimsa fort, oder er stürzt in sein Verderben. Deshalb haben die Propheten und Awatars die Lehre der Wahrheit, Harmonie, Brüderlichkeit, Gerechtigkeit usw. verkündet – alles Attribute von Ahimsa.

Wenn wir glauben, die Menschheit sei stetig in Richtung auf Ahimsa fortgeschritten, so folgt daraus, daß sie auch weiterhin in diese Richtung fortschreiten muß. Nichts in der Welt ist statisch, alles ist dynamisch. Gibt es keinen Fortschritt, so tritt unvermeidlich Rückschritt ein.

Mit dem derzeitigen Krieg hat die Gewalt ihren Sättigungspunkt erreicht. Nach meiner Meinung bedeutet er zugleich ihren Untergang. Täglich erhalte ich Bestätigungen dafür, daß Ahimsa von der Menschheit nie so hoch geschätzt wurde wie heutzutage. Alle Zeugnisse, die mich ständig aus dem Westen erreichen, weisen in diese Richtung[6].

Haridschan, 11.8.1940

---

[5] Große Heilige, in denen sich Gott verkörpert.
[6] Gandhi hat diese optimistische Weltsicht angesichts der Erfindung und des Einsatzes der Atombombe korrigiert.

4 Die Wirkung der Gewaltfreiheit

1. Gewaltfreiheit ist das Gesetz der menschlichen Art, sie ist unendlich größer als brutale Gewalt und ihr weit überlegen.

2. In der Stunde der Bewährung hilft sie nur denen, die einen lebendigen Glauben an den Gott der Liebe besitzen.

3. Selbstachtung und Ehre lassen sich durch Gewaltfreiheit uneingeschränkt schützen. Landbesitz und bewegliche Güter jedoch nicht in jedem Fall, obgleich sie durch ständig geübte Gewaltfreiheit besser verteidigt werden können als durch Waffengewalt. Gewaltfreiheit ist selbstverständlich wertlos, wenn sie dazu benützt werden soll, unrechtmäßig erworbenes Gut und unmoralische Handlungen zu verteidigen.

4. Individuen oder Nationen, die Gewaltfreiheit praktizieren wollen, müssen darauf vorbereitet sein, alles, außer ihrer Ehre, zu opfern (bei Nationen bis zum letzten Mann). Gewaltfreiheit ist daher mit dem Besitz fremder Länder unvereinbar, d. h. mit dem modernen Imperialismus, der seine Interessen offen mit Gewalt verteidigt.

5. Gewaltfreiheit ist eine Macht, die gleichermaßen von allen ausgeübt werden kann – Kindern, jungen Männern und Frauen sowie Erwachsenen, vorausgesetzt, sie haben einen lebendigen Glauben an den Gott der Liebe und empfinden daher gleiche Liebe für die ganze Menschheit. Wird Gewaltfreiheit als das Gesetz des Lebens angenommen, so muß sie die ganze Persönlichkeit durchdringen und darf nicht nur in Einzelfällen angewandt werden.

6. Es ist ein tiefgreifender Irrtum anzunehmen, dieses Gesetz sei zwar für Einzelne, nicht aber für die Masse der Menschen anwendbar.

Haridschan, 5. 9. 1936

Gewaltfreiheit gestattet kein scheinheiliges Gerede. Sie ist kein Gewand, das man nach Belieben an- oder ablegen kann. Sie hat im Herzen ihren Platz und sie muß ein untrennbarer Bestandteil unserer Existenz sein.

Jung Indien, 12. 8. 1926

Soll Gewaltfreiheit zum Glaubensbekenntnis werden, so muß sie allumfassend sein. Ich kann nicht in einer meiner Tätigkeiten gewaltfrei sein und gewalttätig in anderen.

Haridschan, 12. 10. 1935

Für mich ist Gewaltfreiheit nicht bloß ein philosophisches Prinzip. Sie ist Richtschnur und Atem meines Lebens. Ich weiß, ich versage oft darin, manchmal bewußt, öfter unbewußt. Sie ist keine Angelegenheit des Verstandes, sondern des Herzens.

Jung Indien, 13. 9. 1928

Gewaltfreiheit ist nicht leicht zu verstehen, schwach wie wir sind. Noch schwerer ist es, sie anzuwenden. Wir alle sollten aus dem Geist der Demut und des Gebetes handeln, und wir sollten ständig Gott bitten, uns die Augen des Verstehens zu öffnen, damit wir stets bereit sind, dem Licht, das wir empfangen, gemäß zu handeln.

Jung Indien, 7. 2. 1929

5 Gewalt schließt Gottlosigkeit ein

Das Gefühl der Hilflosigkeit ist in uns entstanden, weil wir Gott bewußt aus unseren öffentlichen Angelegenheiten verbannt haben. Für alle praktischen Zwecke sind wir Atheisten geworden. Deshalb glauben wir, wir müßten uns am Ende auf physische Kraft zu unserem Schutz verlassen. Angesichts physischer Gefahr schlagen wir unsere ganze Philosophie in den Wind. Unser tägliches Leben ist eine Verneinung Gottes.

Jung Indien, 25. 5. 1921

Es ist die Aufgabe jedes gottesfürchtigen Menschen, sich vom Bösen loszusagen, ganz gleich, was daraus folgen mag. Er muß daran glauben, daß eine gute Tat nur ein gutes Ergebnis hervorbringen kann. Das ist meiner Meinung nach der Sinn der Gita-Lehre[7] von der Tätigkeit ohne Anhänglichkeit. Gott gestattet ihm keinen Blick in die Zukunft. Er folgt der Wahrheit, auch wenn es sein Leben kostet. Er weiß, es ist besser, in der Weise Gottes zu sterben als in der Weise Satans zu leben.

Jung Indien, 29. 12. 1920

Bei Ahimsa handelt der Jünger nicht aus eigener Kraft. Die Kraft kommt von Gott. Wenn der Weg, den ich gehen soll, offen vor mir liegt, wird er meinem

---

[7] Gemeint ist die Bhagawad-Gita, wörtlich übersetzt "Der Gesang des Erhabenen". Die Gita ist jener Teil des uralten Epos Mahabharata, in dem der göttliche Krischna als erfahrener Wagenlenker des jungen Kriegers Ardschuna mit diesem in die Schlacht von Kurukschetra zieht und seinem Schützling als Antwort auf dessen Fragen und Zweifel die tiefste Wahrheit über Gott und das Leben offenbart. Obwohl verhältnismäßig kurz, gehört die Gita wegen ihrer unmittelbar anwendbaren und hilfreichen Lebensphilosophie zu den bedeutendsten Schriften des Hinduismus.

Körper die nötige Ausdauer und meiner Rede die erforderliche Kraft schenken. Mein ganzes Leben lang habe ich in diesem Glauben gehandelt. Niemals habe ich mir selbst irgend eine unabhängige Kraft beigemessen. Das mag von Menschen, die an keine höhere Macht glauben als an ihre eigene, als Nachteil und als Ausdruck der Hilflosigkeit betrachtet werden. Ich gebe zu, hier hat Ahimsa eine Grenze, sofern man das für eine solche hält.

Haridschan, 18.8.1940

6 Mut ist nötig

Männer, die sich auf physische Kraft verlassen, haben keine Ahnung, welchen Mut ein passiver Widerständler[8] braucht. Was meinen Sie, wozu braucht es mehr Mut: Hinter einer Kanone zu stehen und andere zu zerfetzen oder mit lächelndem Gesicht auf eine Kanone zuzugehen, die einen zerfetzt? Wer ist der wahre Krieger – der, welcher den Tod stets als Busenfreund betrachtet, oder der, welcher über den Tod anderer entscheidet? Glaubt mir, ein Mensch ohne Mut und Mannhaftigkeit kann niemals ein passiver Widerständler sein.

Wenn ich schon etwas zugeben soll, dann, daß selbst ein körperlich schwacher Mensch zu solchem Widerstand fähig ist. Er kann von einem Einzelnen so gut wie von Millionen geleistet werden. Männer wie Frauen können sich ihm widmen. Keine Armee muß ausgebildet werden, kein Jiu-Jitsu ist nötig. Es genügt die Herrschaft über den Geist und sobald die erreicht ist, ist man frei wie der König des Waldes, der mit seinem bloßen Blick den Feind vernichtet.

Passiver Widerstand ist ein Schwert, das allseitig gebraucht werden kann. Es segnet den, der es gebraucht und den, gegen den es gebraucht wird. Es bringt weitreichende Ergebnisse hervor, ohne einen Tropfen Blut zu vergießen. Es rostet nicht und kann nicht gestohlen werden. Der Wettbewerb zwischen passiven Widerständlern führt nicht zur Erschöpfung. Das Schwert des passiven Widerstands braucht keine Scheide. Es ist in der Tat merkwürdig, daß solch eine Waffe lediglich für eine Waffe der Schwachen gehalten wird.

Hind Swaradsch, Kapitel XVII.

Ich habe oft bemerkt, daß sich Schwächlinge hinter dem Glaubensbekenntnis des Kongresses oder hinter meinem Rat versteckten, wenn sie aufgrund ihrer

---

[8] In seinen frühen Schriften verwendete Gandhi den Begriff passiver Widerstand für seine Aktionsmethode. Er erkannte jedoch schon bald seine Unzulänglichkeit und ersetzte ihn durch den Begriff Satjagraha. Siehe dazu Louis Fischer: Das Leben des Mahatma, München o.J., S. 84 f

Feigheit schlicht außerstande waren, ihre Ehre oder die Ehre der ihrer Fürsorge Anvertrauten zu verteidigen. Ich erinnere an den Vorfall in der Nähe Bettiahs auf dem Höhepunkt der Nichtzusammenarbeitskampagne. Einige Dorfbewohner wurden ausgeplündert. Sie flohen und lieferten damit ihre Frauen, Kinder und ihre Habe der Gnade der Plünderer aus. Als ich sie wegen ihrer Feigheit und wegen ihrer Pflichtvergessenheit rügte, beriefen sie sich schamlos auf Gewaltfreiheit. Ich prangerte ihr Verhalten öffentlich an und erklärte, meine Gewaltfreiheit stehe ganz und gar im Einklang mit der Gewalt derer, die mit Gewaltfreiheit nichts anzufangen wissen, denen es aber um die Verteidigung der Ehre ihrer Frauen und ihrer kleinen Kinder geht. Gewaltfreiheit ist kein Deckmantel für Feigheit, sondern die höchste Tugend des Tapferen. Gewaltfreiheit zu üben erfordert weit größeren Mut, als den eines Kämpfers mit dem Schwert. Feigheit ist mit Gewaltfreiheit gänzlich unvereinbar. Ein Übergang von Gewalttätigkeit zu Gewaltfreiheit ist möglich und manchmal sogar leicht. Gewaltfreiheit setzt die Fähigkeit zum Zuschlagen voraus. Sie ist eine bewußte und überlegte Zurückhaltung, die dem Rachegelüst auferlegt wird. Aber Rache ist in jedem Fall einer passiven, weibischen und hilflosen Unterwürfigkeit überlegen. Verzeihung steht jedoch noch höher. Denn Rachsucht ist auch Schwäche. Der Wunsch nach Rache entspringt der Furcht vor Schaden, sei er nun wirklich oder nur eingebildet. Ein Hund bellt und beißt, wenn er sich fürchtet. Ein Mensch, der niemanden auf der Welt fürchtet, fände es viel zu beschwerlich, sich über jemanden zu ärgern, der sich erfolglos abmüht, ihn zu schädigen. Die Sonne rächt sich nicht an kleinen Kindern, die Schmutz nach ihr werfen. Sie schaden nur sich selbst.

Jung Indien, 12. 8. 1926

Wer sich selbst, seine Angehörigen oder deren Ehre nicht zu schützen vermag, indem er bereit ist, gewaltfrei zu sterben, kann und soll es dadurch tun, daß er dem Unterdrücker gewaltsam begegnet. Wer weder das eine noch das andere tun kann, fällt anderen zur Last. Er hat es nicht verdient, ein Familienoberhaupt zu sein. Er muß sich entweder verstecken, oder er muß sich damit abfinden, für immer im Zustand der Hilflosigkeit zu leben und auf Geheiß eines Gewaltmenschen wie ein Wurm zu kriechen.

Jung Indien, 11. 10. 1928

Feigheit ist eine noch größere Schwäche als Gewalt.

Haridschan, 15. 9. 1946

Für einen gewalttätigen Menschen gibt es Hoffnung, gewaltfrei zu werden. Solche Hoffnung gibt es für einen Schwächling nicht.

Haridschan, 21. 10. 1939

Einen anderen zu verletzen, ist offensichtlich ein Akt der Gewalt, doch den Wunsch zu hegen, einen anderen zu verletzen und dennoch davor zurückzuschrecken, weil man zu feige ist, sich selbst oder seinen Nächsten zu verteidigen, ist ebenfalls Gewalt und wahrscheinlich schlimmer als die erstere.

Selbstverteidigung muß rein und makellos sein. Sodann darf sie niemals feige oder roh sein. Sie bedarf daher keiner Geheimhaltung. Es liefe auf dasselbe hinaus, wie jemandem einen Dolch in den Rücken zu stoßen und davonzulaufen, um nicht entdeckt zu werden. Zweifellos ist es nicht nötig, sich im Gebrauch der Waffen zu üben, um sich selbst zu verteidigen. Dazu bedarf es lediglich eines starken Herzens und eines noch stärkeren Willens.

Haridschan, 8. 9. 1946

Selbstverteidigung kann gewaltsam oder gewaltfrei sein. Ich habe stets zur gewaltfreien Verteidigung geraten und nachdrücklich auf ihr bestanden.

Haridschan, 2. 3. 1940

Es fällt mir nicht schwer, meine Feststellung zu bestätigen, daß "Satjagraha völligen Gewaltverzicht verlangt, und daß selbst eine Frau, die in Gefahr ist, vergewaltigt zu werden, nicht gezwungen ist, sich mit Gewalt zu verteidigen". Diese beiden Feststellungen beziehen sich auf einen Idealzustand, und wurden daher im Hinblick auf jene Männer und Frauen getroffen, die sich selbst so weit gereinigt haben, daß sie keine Bosheit, keinen Zorn und keine Gewalt in ihrem Herzen tragen. Eine solche Frau wird erstens nicht in die Gefahr geraten, daß ihr Gewalt angetan wird, und zweitens würde sie, falls es doch geschieht, imstande sein, ihre Ehre zu verteidigen, ohne dem Rohling Gewalt anzutun. Ich glaube vorbehaltlos an den Satz, daß vollkommene Reinheit sich selbst verteidigt. Selbst der schlimmste Rohling wird in der Gegenwart strahlender Reinheit augenblicklich zahm.

Jung Indien, 8. 10. 1925

1. Wie kann eine Frau ihre Ehre schützen und

2. wie können ihre männlichen Verwandten sie schützen?

Was die erste Frage anbelangt: Wo es eine gewaltfreie Atmosphäre gibt und wo Ahimsa ständig gelehrt wird, wird sich die Frau nicht als abhängig, schwach und/oder hilflos betrachten. Sie ist nicht wirklich hilflos, wenn sie wahrhaft rein ist. Ihre Reinheit läßt sie ihre Stärke gewahr werden. Ich habe stets die Auffassung vertreten, daß es physisch unmöglich ist, einer Frau gegen ihren Willen Gewalt anzutun. Das Verbrechen geschieht nur, wenn sie der Furcht Raum gibt oder ihre moralische Stärke nicht erkennt. Falls sie der Körperkraft des Angreifers nicht widerstehen kann, wird ihre Reinheit ihr die Kraft verleihen zu sterben, ehe er sein Ziel erreicht. Betrachtet zum Beispiel Sita[9]. Körperlich war sie ein Schwächling im Vergleich zu Rawana[10], doch ihre Reinheit war selbst seiner riesigen Macht überlegen. Er versuchte, sie mit allen möglichen Verlockungen zu verführen, aber er konnte sie ohne ihre Zustimmung nicht fleischlich berühren. Andererseits, sofern sich eine Frau auf ihre eigene Körperkraft verläßt oder auf eine Waffe, die sie bei sich trägt, wird sie mit Sicherheit besiegt, sobald ihre Kraft erschöpft ist.

Die zweite Frage ist leicht zu beantworten. Der Bruder, Vater oder Freund wird sich zwischen seine Schutzbefohlene und den Angreifer stellen. Er wird dann entweder den Angreifer von seinem gemeinen Vorsatz abhalten, oder er wird bei dem Versuch, ihn daran zu hindern, sein Leben lassen. Indem er so sein Leben verliert, wird er nicht nur seiner Pflicht genügt, sondern seine Schutzbefohlene, die nun weiß, wie sie ihre Ehre zu schützen hat, mit neuer Kraft erfüllt haben.

"Aber", erwiderte eine der Schwestern aus Puna, "genau da liegt das Problem. Wie kann eine Frau ihr Leben lassen? Wie soll das gehen?"

"Oh", meinte Gandhi, "für sie ist es sogar eher möglich als für den Mann. Ich weiß, daß Frauen imstande sind, ihr Leben aus weit geringerem Anlaß wegzuwerfen. Es ist nur ein paar Tage her, daß ein zwanzigjähriges Mädchen sich verbrannte, weil sie sich wegen ihrer Weigerung, ein ordentliches Studium aufzunehmen, verfolgt fühlte. Und sie starb mit solch kaltem Mut und bewundernswerter Entschlossenheit! Sie zündete ihren Sari mit einer gewöhnlichen Öllampe an und gab keinen Laut von sich, so daß die Leute im Nebenzimmer nichts bemerkten, ehe alles vorbei war. Ich berichte diese Einzelheiten nicht, um sie als Vorbild zu empfehlen, sondern um zu zeigen, wie leicht eine Frau ihr Leben wegwerfen kann."

Haridschan, 1.9.1940

Die Frau ist weit besser gerüstet als der Mann, Ahimsa zu erforschen und sie kühner anzuwenden als er. Beim Mut zum Selbstopfer ist die Frau dem

---

[9] Die Frau Ramas, eines sagenhaften Königs und Inkarnation des Gottes Wischnu. Held des Epos Ramajana von Tulsidas.
[10] Zehnköpfiger Dämon aus dem Epos Ramajana, dem es zwar gelingt, Sita zu rauben, nicht aber, sie zu seiner Frau zu machen.

Mann stets überlegen, so wie meines Erachtens der Mann der Frau im Mut des wilden Tiers.

Haridschan, 5.11.1938

7 Leiden und Opfer

Passiver Widerstand (Satjagraha) ist eine Methode, Rechte durch Leiden in der eigenen Person zu sichern. Er ist das Gegenteil des bewaffneten Widerstands. Wenn ich mich weigere, etwas zu tun, das meinem Gewissen widerspricht, wende ich Seelenkraft an. Die Regierung hat beispielsweise ein Gesetz erlassen, das auf mich angewendet werden kann. Ich habe etwas dagegen. Wenn ich nun Gewalt anwende, um die Regierung zu zwingen, das Gesetz außer Kraft zu setzen, gebrauche ich, was man physische Kraft nennen könnte. Wenn ich dagegen dem Gesetz nicht gehorche und die Strafe für seine Übertretung auf mich nehme, gebrauche ich Seelenkraft. Sie schließt Selbstaufopferung ein.

Hind Swaradsch, Kapitel XVII.

In der eigenen Person Unrecht zu erleiden, ist der Kern der Gewaltfreiheit. Es handelt sich dabei um einen bewußt gewählten Ersatz für Gewalt gegen andere. Ich kann den Tod Tausender, die ihr Leben freiwillig beim Satjagraha verlieren, freudig begrüßen, nicht weil ich das Leben gering achte, sondern weil ich weiß, daß das auf lange Sicht den geringsten Verlust an Leben zur Folge hat, und, was mehr ist, weil es diejenigen, die ihr Leben verlieren, veredelt und die Welt durch ihr Opfer moralisch bereichert.

Jung Indien, 8.10.1925

Verzicht auf gewaltsamen Widerstand ist freiwillig auferlegte Selbstbeherrschung zum Nutzen der Gesellschaft. Sie ist eine äußerst aktive, reinigende, innere Kraft. Oftmals ist sie mit dem materiellen Wohl des gewaltfreien Widerstandskämpfers unvereinbar. Sie kann sogar seinen völligen materiellen Ruin bedeuten.

Jung Indien, 23.9.1926

8 Ausbildung in Gewaltfreiheit

Gewaltfreiheit erfordert keine äußerliche oder sichtbare Schulung. Sie verlangt lediglich den festen Willen, nicht zu töten und dem Tod ohne Racheverlangen mutig ins Auge zu blicken.

Haridschan, 8.9.1946

Ein passiver Widerstandskämpfer (Satjagrahi) zu werden, ist leicht und schwer zugleich. Ich weiß von einem vierzehnjährigen Jungen, der ein passiver Widerstandskämpfer wurde. Ebenso weiß ich von kranken Menschen, die dazu geworden sind. Andererseits weiß ich von körperlich starken und sonst vortrefflichen Menschen, die unfähig waren, passiven Widerstand zu leisten. Aufgrund einer reichen Erfahrung will es mir scheinen, daß diejenigen, die passive Widerstandskämpfer werden wollen, vollkommene Keuschheit beobachten, die Armut wählen, der Wahrheit folgen und Furchtlosigkeit pflegen müssen.

Keuschheit ist eine der größten Disziplinen, ohne die der Geist nicht die erforderliche Festigkeit erlangen kann. Ein Mann, der unkeusch ist, verliert seine Lebenskraft, wird verweichlicht und feige. Wessen Geist an die tierischen Leidenschaften ausgeliefert wird, ist zu keiner großen Leistung fähig. Das kann durch unzählige Beispiele belegt werden. Natürlich erhebt sich dann die Frage, was eine verheiratete Person tun soll, und doch beantwortet sich die Frage von selbst. Wenn Eheleute den Leidenschaften nachgeben, so ist das nicht weniger eine tierische Befriedigung. Solche Nachgiebigkeit, von der Zeugung von Nachkommen abgesehen, ist streng verboten. Doch hat ein passiver Widerstandskämpfer selbst diese sehr begrenzte Nachgiebigkeit zu meiden, da er nicht den Wunsch nach Nachkommen haben kann. Ein verheirateter Mann kann daher völlige Keuschheit beobachten.

Ebenso notwendig wie die Keuschheit ist die Armut. Das Streben nach Geld und passiver Widerstand passen nicht zusammen. Von denen, die Geld haben, wird nicht erwartet, daß sie es wegwerfen. Es wird jedoch erwartet, daß es ihnen gleichgültig ist. Sie müssen bereit sein, eher den letzten Pfennig zu verlieren, als den passiven Widerstand aufzugeben.

Passiver Widerstand ist im Laufe unserer Diskussion als Kraft der Wahrheit beschrieben worden. Die Wahrheit muß daher unbedingt befolgt werden, und das um jeden Preis.

Passiver Widerstand kommt ohne Furchtlosigkeit nicht einen Schritt voran. Nur die können dem Pfad des passiven Widerstands folgen, die von Furcht, sei es um ihre Besitztümer, falsche Ehre, ihre Angehörigen, die Regierung, körperliche Verletzung oder Tod frei sind.

Diese Vorschriften sollten nicht deshalb aufgegeben werden, weil wir glauben, sie seien zu schwierig. Die Natur hat der menschlichen Brust die Fähigkeit eingepflanzt, mit jeder Schwierigkeit und mit jedem Leiden fertig zu werden, die uns unverschuldet treffen. Selbst diejenigen, die nicht den Wunsch haben, dem Lande zu dienen, sollten diese Eigenschaften besitzen. Um nicht mißverstanden zu werden, selbst diejenigen, die sich im Gebrauch der Waffen üben, haben diese Eigenschaften mehr oder weniger nötig. Niemand wird durch bloßes Wünschen zum Krieger. Wer ein Krieger werden will, muß Keuschheit beobachten und sich mit der Armut als Los zufrieden geben. Ein Krieger ohne Furchtlosigkeit ist undenkbar. Man könnte meinen, er hätte es nicht nötig, unbedingt wahrhaftig zu sein. Doch diese Eigenschaft folgt aus echter Furchtlosigkeit. Gibt ein Mann die Wahrheit preis, dann tut er das aus Furcht in dieser oder jener Form. Daher sollten die obengenannten vier Merkmale niemanden erschrecken.

Hind Swaradsch, Kapitel XVII.

Wie können wir Einzelne oder Gemeinschaften in dieser schwierigen Kunst ausbilden?

Da gibt es keinen Königsweg, außer, daß wir das Credo, das eine lebendige Predigt sein sollte, in unserem Leben verwirklichen. Natürlich setzt das eifriges Studium, enorme Ausdauer und gründliche Reinigung des eigenen Selbst von allen Unsauberkeiten voraus. Um die Naturwissenschaften zu meistern, muß man ein ganzes Leben dransetzen. Wie viele Leben sind dann nötig, um die größte geistige Kraft zu meistern, die die Menschheit kennt? Aber weshalb sich grämen, selbst wenn es dazu mehrerer Leben bedarf? Wenn dies das einzig Dauerhafte im Leben ist, wenn es das einzige ist, das zählt, dann ist jede Anstrengung, sie zu meistern, wohl angewandt. Suchet zuerst das Himmelreich und alles andere wird euch dazu gegeben werden. Das Himmelreich ist Ahimsa.

Haridschan, 14.3.1936

Der erste Schritt ist der feste Entschluß, daß alle Unwahrheit und Himsa (Gewalt) in Zukunft für uns tabu sein sollen, ungeachtet der Opfer, die das scheinbar zur Folge hat. Denn das Gute, das durch sie angeblich erreicht wird, ist nur Schein, in Wirklichkeit ist es tödliches Gift. Ist unser Entschluß fest und unsere Überzeugung klar, so bedeutet das bereits den halben Sieg und die Anwendung dieser beiden Eigenschaften (Wahrheit und Gewaltfreiheit) wird uns vergleichsweise leicht fallen.

Wir haben schon immer das Spinnrad, das Dorfhandwerk usw. als Säulen von Ahimsa betrachtet. Und das sind sie auch. Sie müssen standhalten. Doch nun müssen wir noch einen Schritt weitergehen. Ein gläubiger Anhänger von Ahimsa wird natürlich das Verhältnis zu seinen Eltern, seinen Kindern, seiner Ehefrau, seinen Dienern, seinen Untergebenen usw. auf Gewaltfreiheit gründen, sofern er das nicht bereits getan hat. Doch die eigentliche Prüfung findet in der

Zeit politischer oder religiöser Unruhen statt oder wenn Diebe und Banditen ihn bedrohen. Desgleichen wird er, um der Bedrohung durch Diebe und Räuber zu begegnen, nicht umhin können, die Gemeinschaften, aus denen die Diebe und Banditen im allgemeinen kommen, aufzusuchen und freundliche Beziehungen mit ihnen zu pflegen.

Haridschan, 21. 7. 1940

Waffen sind für die Ausbildung in Ahimsa zweifellos unnötig. Tatsächlich müssen Waffen, sofern es solche gibt, weggeworfen werden, so wie es der Khansaheb[11] in den Grenzprovinzen getan hat. Wer glaubt, erst müsse Gewalt erlernt werden, ehe Gewaltfreiheit erlernt werden kann, müßte dann auch glauben, nur Sünder könnten Heilige sein.

Ebenso wie man bei der Ausbildung zur Gewaltanwendung die Kunst des Tötens lernen muß, muß man bei der Ausbildung zur Gewaltfreiheit die Kunst des Sterbens lernen. Gewalt bedeutet nicht Befreiung von Furcht, sondern Entdeckung der Mittel, die Ursache der Furcht zu bekämpfen. Für die Gewaltfreiheit dagegen gibt es keinen Grund zur Furcht. Der gläubige Anhänger der Gewaltfreiheit muß die Fähigkeit zum Opfer der höchsten Art entwickeln, um von Furcht frei zu werden. Es kümmert ihn nicht, wenn er Gefahr läuft, sein Land, seine Habe, sein Leben zu verlieren. Wer nicht die Furcht gänzlich überwunden hat, kann Ahimsa nicht in Vollendung üben. Der gläubige Anhänger von Ahimsa hat nur eine Furcht: Gottesfurcht. Wer in Gott seine Zuflucht sucht, muß eine Spur jenes Atman[12] besitzen, das den Körper transzendiert. In dem Augenblick, wo man eine Spur des unvergänglichen Atman besitzt, verliert man die Verliebtheit in den vergänglichen Körper. Die Ausbildung in Gewaltfreiheit ist so das strikte Gegenteil der Ausbildung in Gewalt. Gewalt braucht man zum Schutz äußerer Dinge, Gewaltfreiheit zum Schutz des Atman, zum Schutz seiner Ehre.

Diese Gewaltfreiheit kann nicht dadurch erlernt werden, daß man zu Hause hockt. Sie braucht Betätigung. Um uns selbst zu prüfen, sollten wir lernen, Not und Tod zu trotzen, das Fleisch abzutöten und die Fähigkeit zu erlangen, Beschwerden aller Art zu ertragen. Wer zittert oder ausreißt, sobald er zwei Leute im Kampf sieht, ist nicht gewaltfrei, sondern ein Feigling. Ein gewaltfreier Mensch wird sein Leben opfern, um derartigen Kämpfen vorzubeugen. Die Tapferkeit des Gewaltfreien ist der des Soldaten weit überlegen. Das Kenn-

---

[11] Gemeint ist Abdul Ghaffar Khan, auch "Gandhi der Grenzprovinzen" genannt.
[12] Die (unsterbliche) Seele.

zeichen des Soldaten ist seine Waffe: Speer, Schwert oder Gewehr. Gott ist der Schild des Gewaltfreien.

Haridschan, 1. 9. 1940

Wenn wir das konstruktive Programm[13] entschieden verfolgen, so ist das die beste Vorbereitung für Gewaltfreiheit und zugleich ihr entschiedenster Ausdruck. Wer glaubt, er könne ohne den Rückhalt des konstruktiven Programms gewaltfreie Stärke zeigen, wird, wenn die Zeit der Prüfung gekommen ist, elendiglich scheitern. Sein Vorhaben wäre ebenso zum Scheitern verurteilt, wie der Versuch eines hungernden, unbewaffneten Mannes, seine Körperkraft mit der eines wohlgenährten, vollständig gerüsteten Soldaten zu messen. Wer nicht an das konstruktive Programm glaubt, fühlt meiner Meinung nach nicht wirklich mit den hungernden Millionen. Wem solches Fühlen abgeht, der kann nicht gewaltfrei kämpfen. Meine Fähigkeit, Gewaltfreiheit zu praktizieren, hat mit der Fähigkeit, mich mit der hungernden Menschheit zu identifizieren, exakt Schritt gehalten. Ich bin noch immer weit von der Gewaltfreiheit meiner Träume entfernt, weil ich noch immer weit davon entfernt bin, mich so, wie ich es mir wünsche, mit den stummen Millionen zu identifizieren.

Haridschan, 12. 4. 1942

Frage: Was soll man im täglichen Leben tun – anders ausgedrückt, worin besteht das Minimalprogramm –, um die Gewaltfreiheit der Tapferen zu erwerben?
Antwort: Das Mindesterfordernis, um Ahimsa der Tapferen zu entwickeln, besteht darin, das eigene Denken von Feigheit zu reinigen und im Lichte dieser Reinigung sein Verhalten bei jeder Tätigkeit, ob groß oder klein, zu ordnen. So muß der Jünger sich, ohne zornig zu werden, weigern, sich von seinem Vorgesetzten einschüchtern zu lassen. Er muß bereit sein, seinen Posten aufzugeben, mag er noch so einträglich sein. Fühlt der Jünger, obgleich er alles opfert, seinem Arbeitgeber gegenüber keinen Ärger, so besitzt er die Ahimsa des Tapferen. Angenommen, ein Mitreisender droht, meinen Sohn zu mißhandeln, und ich versuche, den Angreifer zur Vernunft zu bringen. Angenommen, er wendet sich daraufhin gegen mich. Wenn ich dann seinen Schlag mit Anstand und Würde hinnehme, ohne das geringste Übelwollen gegen ihn im Herzen zu tragen, dann zeige ich die Ahimsa der Tapferen. Das sind Alltagsbeispiele,

---

[13] Positives Pendant zum gewaltfreien Widerstand, der sich gegen das Unrecht richtet. Inhalt und Form des konstruktiven Programms richten sich nach den jeweiligen Gegebenheiten. In Indien unter britischer Herrschaft bestand es nach Auffassung Gandhis im Aufbau einer heimischen Textilindustrie auf handwerklicher Basis (Spinnrad), der Abschaffung der Unberührbarkeit und der Versöhnung von Hindus und Moslems (Hindu-Moslem-Einheit). Später erweiterte Gandhi das Programm auf 13 bzw. 18 Punkte.

die leicht vervielfacht werden können. Wenn ich mein Temperament jederzeit erfolgreich zu zügeln vermag, und mich, obgleich in der Lage, jeden Schlag mit einem Gegenschlag zu beantworten, zurückhalte, dann entwickle ich die Ahimsa der Tapferen, die mich niemals im Stich läßt und die selbst meinen entschiedensten Widersachern Anerkennung abnötigt.

Haridschan, 17. 11. 1946

Solche Tugend zu pflegen, erfordert lange Übung, die sich sogar über mehrere Leben erstrecken mag. Aber das macht sie nicht wertlos. Indem der Pilger auf dieser Straße wandert, wird er von Tag zu Tag reichere Erfahrung sammeln, so daß er einen flüchtigen Blick der Glückseligkeit erhaschen mag, die zu schauen ihm auf dem Gipfel bestimmt ist. Das wird seinen Eifer beflügeln. Niemand ist berechtigt, daraus zu folgern, der Pfad sei ein ununterbrochener Rosenteppich ohne Dornen. Ein Dichter hat gesungen, der Weg zu Gott sei nur dem Tapferen zugänglich, niemals aber dem Hasenfüßigen.

Haridschan, 14. 12. 1947

9 Ein gewaltfreies Individuum genügt

Es ist nicht nötig, daß alle dasselbe Maß an bewußter Gewaltfreiheit besitzen, damit sie ihre volle Wirksamkeit entfalten kann. Es genügt, wenn eine Person sie besitzt, so wie ein General genügt, um die Energie von Millionen Soldaten, die sich unter seiner Fahne gesammelt haben, zu lenken und zu leiten, selbst wenn sie das Warum und Wozu seiner Verfügungen nicht kennen.

Jung Indien, 23. 9. 1926

Frage: Ich möchte wissen, ob ein Einzelner der äußersten Gewalt Paroli bieten kann.
Antwort: Kann er das nicht, so muß daraus geschlossen werden, daß er kein wahrhafter Vertreter von Ahimsa ist. Angenommen, ich könnte kein einziges Beispiel aus dem Leben dafür anführen, daß ein Mensch seinen Gegner tatsächlich bekehrte, so würde ich dennoch sagen, es liege daran, daß noch niemand imstande gewesen ist, Ahimsa in ihrer ganzen Fülle auszudrücken.

Haridschan, 14. 3. 1936

Was kann ein Mensch mit bloßen Händen ausrichten, wenn hemmungslos von Schwertern, Messern, Knüppeln und Steinen Gebrauch gemacht wird? Ist es denn möglich, diese tödlichen Schläge ohne Groll im Herzen zu empfangen? Es ist klar, daß das unmöglich ist, es sei denn, man ist ganz mit Nächstenliebe

erfüllt. Nur wer sich mit seinem Gegner eins fühlt, kann seine Schläge hinnehmen, als wären es ebensoviele Blumen. Ein solcher Mensch kann, wenn Gott ihm hilft, die Arbeit von tausend Menschen tun. Dazu bedarf es einer Seelenkraft – das heißt eines moralischen Mutes – der höchsten Art.
Haridschan, 13. 7. 1940

Ich habe behauptet, daß ein fast vollkommen gewaltfreies Individuum imstande ist, die Feuersbrunst der Gewalt zu löschen, selbst wenn es ganz allein ist. In diesem Zeitalter der Demokratie ist es jedoch wichtig, daß die angestrebten Ergebnisse durch die kollektive Anstrengung der Menschen erreicht werden. Zweifellos ist es gut, wenn ein Ziel durch die Anstrengung eines äußerst starken Individuums erreicht wird. Es kann jedoch der Gemeinschaft niemals ein Bewußtsein davon vermitteln, welche Stärke ihr aus der Vereinigung erwächst. Der erfolgreiche Einzelne wäre wie ein Millionär, der Lebensmittel als milde Gabe an Millionen Hungernde verteilt. Darum sollten wir unsere ganze Energie der Erfüllung des dreizehnfältigen konstruktiven Programms[14] widmen.
Haridschan, 8. 9. 1940

10 Fasten

Fasten bis zum Tode ist ein integraler Bestandteil des Satjagraha-Programms und unter gewissen Voraussetzungen ist es die größte und wirksamste Waffe in seinem Arsenal. Doch ist nicht jeder befähigt, es ohne einen ordentlichen Ausbildungskurs zu unternehmen.

Ich möchte diese Bemerkung nicht damit belasten zu prüfen, unter welchen Umständen man zum Fasten greifen kann und welche Ausbildung dafür erforderlich ist. Gewaltfreiheit ist in ihrem positiven Aspekt als Wohlwollen (ich vermeide das Wort Liebe bewußt, da es in Verruf geraten ist) die größte Kraft, denn sie bietet Raum für grenzenloses Selbstleiden, ohne dem Übeltäter das geringste physische oder materielle Unrecht zuzufügen oder anzusinnen. Das Ziel ist stets, das Beste in ihm wachzurufen. Leiden in der eigenen Person ist ein Appell an seine bessere Natur, so wie Vergeltung an seine schlechtere. Unter bestimmten Umständen ist Fasten mehr als alles andere ein solcher Appell. Wenn der Politiker die Eignung des Fastens in politischen Angelegenheiten nicht erkennt, so liegt das nicht zuletzt daran, daß diese großartige Waffe erst neuerdings angewandt wird.
Haridschan, 26. 7. 1942

---

[14] s. Anm. 13

Ein Satjagrahi sollte erst dann fasten, wenn alle anderen Wege, Abhilfe zu schaffen, ausgeschöpft wurden und gescheitert sind. Beim Fasten ist kein Platz für Nachahmung. Wer keine innere Stärke besitzt, sollte nicht im Traum daran denken, und schon gar nicht mit dem Verlangen nach Erfolg. Doch wenn ein Satjagrahi erst einmal aus Überzeugung ein Fasten begonnen hat, so muß er bei seinem Entschluß bleiben, gleichgültig, ob seine Aktion Frucht trägt. Das heißt nicht, Fasten könne nicht auch Frucht tragen. Wer jedoch in Erwartung des Erfolges fastet, versagt im allgemeinen. Und selbst wenn er nicht sichtbar versagt, so verliert er doch die ganze innere Freude, die ein echtes Fasten mit sich bringt.

Es ist falsch, für egoistische Ziele zu fasten, zum Beispiel um sein Gehalt zu erhöhen. Unter gewissen Umständen ist es erlaubt, um eine Erhöhung der Löhne für die eigene Gruppe zu erreichen.

Haridschan, 21.4.1946

Fasten ist die letzte Waffe im Arsenal eines Anhängers von Ahimsa. Wenn die menschliche Erfindungsgabe versagt, fastet der Jünger. Dieses Fasten beflügelt den Geist des Gebets, das heißt, das Fasten ist ein geistiger Vorgang und deshalb an Gott gerichtet. Solch eine Handlung wirkt auf das Leben der Menschen dadurch, daß, sofern die fastende Person ihnen überhaupt bekannt ist, ihr schlafendes Gewissen geweckt wird. Zugleich besteht die Gefahr, daß die Menschen aufgrund falscher Sympathie gegen ihren Willen handeln, um das Leben des geliebten Menschen zu retten. Dieser Gefahr muß begegnet werden. Man darf sich nicht vom rechten Tun abschrecken lassen, sofern man überzeugt ist, daß es richtig ist. Ich kann nur zur Vorsicht raten. Solch ein Fasten folgt dem Diktat der inneren Stimme und kennt daher keine Hast.

Haridschan, 21.12.1947

11 Mittel und Zweck

Das Mittel kann dem Samen, der Zweck dem Baum verglichen werden, und zwischen Mittel und Zweck besteht genau der gleiche unzerstörbare Zusammenhang wie zwischen Samen und Baum. Ich werde schwerlich die Frucht, die aus der Anbetung Gottes erwächst, ernten, indem ich mich vor Satan zu Boden werfe. Wenn darum jemand sagt: "Ich möchte Gott anbeten, doch macht es nichts aus, wenn ich es mit den Mitteln Satans tue", so würde das mit Recht als Unwissenheit und Torheit gelten. Wir ernten genau das, was wir säen.

Wenn ich Sie beispielsweise Ihrer Uhr berauben will, muß ich zweifellos darum kämpfen; wenn ich Ihre Uhr kaufen will, muß ich dafür bezahlen, und wenn ich sie als Geschenk erhalten will, muß ich darum bitten. Je nachdem, welche Mittel angewandt wurden, ist die Uhr gestohlenes Gut, erworbenes Eigentum oder ein Geschenk. Wir haben also drei verschiedene Ergebnisse durch drei verschiedene Mittel. Behaupten Sie immer noch, daß die Mittel nicht zählen?

Lassen Sie uns einen Schritt weitergehen. Ein gut bewaffneter Mann hat Ihr Eigentum gestohlen. Sie können seine Tat nicht vergessen. Sie sind wütend. Sie argumentieren, Sie wollen den Spitzbuben strafen, nicht um Ihretwillen, sondern zum Nutzen Ihrer Nachbarn. Sie haben eine Anzahl bewaffneter Männer gesammelt. Sie wollen sein Haus stürmen. Er wird rechtzeitig gewarnt und flieht. Er ist nun ebenfalls wutentbrannt. Er sammelt seine Räuberbrüder und schickt Ihnen die trotzige Botschaft, er werde nunmehr am hellichten Tag rauben. Sie sind stark, Sie fürchten ihn nicht. Sie sind darauf vorbereitet, ihn zu empfangen. Inzwischen quält der Räuber Ihre Nachbarn. Sie beschweren sich bei Ihnen. Sie antworten, Sie täten das alles um Ihretwillen. Es gehe Ihnen nicht um Ihre eigenen gestohlenen Güter. Die Nachbarn antworten, der Räuber habe sie nie zuvor belästigt und habe seine Raubzüge erst begonnen, nachdem Sie die Feindseligkeiten ihm gegenüber eröffnet hätten. Sie sind zwischen Szilla und Charybdis. Sie sind voller Mitleid für die armen Männer. Was sie sagen, ist wahr. Was sollen Sie tun? Sie sind entehrt, wenn Sie den Räuber nun in Ruhe lassen. Deshalb sagen Sie den armen Männern: "Macht euch nichts draus. Kommt, was ich besitze, gehört euch. Ich werde euch Waffen geben, ich werde euch lehren, sie zu gebrauchen. Ihr sollt den Spitzbuben verprügeln. Laßt ihm keine Ruhe." Und so weitet sich der Kampf aus. Die Räuber nehmen an Zahl zu. Ihre Nachbarn haben sich bewußt in große Schwierigkeiten gebracht. So hat der Wunsch, sich am Räuber zu rächen, Ihnen nur Unfrieden gebracht. Sie leben in ständiger Furcht, beraubt oder überfallen zu werden. Ihr Mut hat der Feigheit Platz gemacht. Wenn Sie das Argument geduldig prüfen, können Sie sehen, daß ich das Bild nicht überzeichnet habe. Dies ist die eine Methode.

Nun lassen Sie uns die andere prüfen. Sie betrachten den bewaffneten Räuber als einen unwissenden Bruder. Sie nehmen sich vor, bei passender Gelegenheit mit ihm vernünftig zu reden. Sie argumentieren, daß er trotz allem ein Mitmensch ist. Sie wissen nicht, was ihn zum Stehlen trieb. Sie beschließen, wenn möglich, das zu zerstören, was den Mann zum Stehlen motiviert. Während Sie in dieser Weise mit sich selbst beraten, kommt der Mann erneut, um zu stehlen. Anstatt ihm böse zu sein, ergreift Sie Mitleid mit ihm. Sie denken, die Gewohnheit zu stehlen, muß eine Krankheit bei ihm sein. Von nun an lassen sie deshalb ihre Türen und Fenster weit offen. Sie wechseln ihren Schlafplatz und sie machen ihre Sachen für ihn leicht zugänglich. Der Räuber kommt wieder und ist verwirrt, denn das ist für ihn völlig neu. Nichtsdestoweniger nimmt er Ihnen Ihre Sachen weg. Doch sein Gewissen ist beunruhigt. Er erkundigt sich im Dorf nach Ihnen. Er kommt, um über Ihr großes und liebendes Herz mehr zu erfahren. Er bereut. Er bittet Sie um Verzeihung, bringt Ihnen Ihre Sachen zurück und läßt von seiner Gewohnheit, zu stehlen, ab. Er wird Ihr Diener und Sie suchen für ihn eine anständige Arbeit. Das ist die zweite Methode.

Sie sehen also, verschiedene Mittel haben völlig verschiedene Ergebnisse erbracht. Ich möchte daraus nicht ableiten, daß Räuber stets in der beschriebenen Weise handeln werden, oder, daß alle dasselbe Mitleid und dieselbe Liebe haben wie Sie. Ich möchte vielmehr nur zeigen, daß nur reine Mittel reine Ergebnisse zeitigen können, und daß, zumindest in der Mehrzahl der Fälle, wenn nicht in allen, die Macht der Liebe und des Mitleids unendlich viel größer ist als die Macht der Waffen. Wer rohe Gewalt anwendet, richtet Schaden an, niemals jedoch, wer aus Mitleid handelt.

Hind Swaradsch, Kapitel XVI.

12 Verbrechen und Strafe

Ich habe keine Hemmung, unter bestimmten Umständen sogar die Bestrafung von Übeltätern zu empfehlen. Zum Beispiel würde ich beim gegenwärtigen Zustand der Gesellschaft nicht zögern, Diebe und Räuber einzusperren, was sicherlich eine Art Strafe ist. Aber ich würde ebenso zugeben, daß das nicht Satjagraha ist, sondern eine Abweichung von der reinen Lehre. Es wäre ein Eingeständnis meiner Schwäche, nicht der Schwäche der Lehre. Ich habe bei der gegenwärtigen Gesellschaftsverfassung kein anderes Heilmittel für solche Fälle vorzuschlagen. Ich begnüge mich deshalb mit der Empfehlung, die Gefängnisse eher als Besserungs- denn als Strafanstalten zu verwenden.

Doch würde ich einen Trennungsstrich ziehen zwischen Töten und Einschließen oder körperlicher Bestrafung. Ich denke, es gibt da nicht nur einen quantitativen, sondern auch einen qualitativen Unterschied. Ich kann die Strafhaft widerrufen. Ich kann einem Menschen, dem ich eine körperliche Strafe auferlegt habe, Wiedergutmachung leisten. In dem Augenblick, wo ein Mensch getötet wurde, ist die Strafe irreversibel und irreparabel. Gott allein kann Leben nehmen, denn er allein gibt es.

Jung Indien, 8.10.1925

In einem unabhängigen Indien des gewaltfreien Typs wird es Verbrechen geben, aber keine Verbrecher. Sie werden nicht bestraft werden. Wie andere Übel auch, ist das Verbrechen eine Krankheit und es ist ein Produkt des herrschenden gesellschaftlichen Systems. Darum wird jedes Verbrechen, Mord eingeschlossen, als Krankheit behandelt werden. Ob es jemals ein solches Indien geben wird, ist eine andere Frage.

Haridschan, 5. 5. 1946

Frage: Was soll ein Arbeitgeber tun, wenn ein Angestellter stehlsüchtig (kleptoman) ist und sich weder durch dringende Bitten noch durch den Stock als belehrbar erweist?

Antwort: Mein Rat an den Arbeitgeber wäre, dem Dieb alle Versuchungen aus dem Weg zu räumen, ihn so zu behandeln, als wäre er sein eigener Bruder und, sofern er sich jeder Art von Behandlung, so menschenfreundlich sie auch sein mag, verschließt, ihn zu bitten, seiner Wege zu gehen. Der Arbeitgeber sollte sich dabei stets fragen, ob er seinen eigenen Bruder im jeweils angenommenen Stadium in gleicher Weise behandeln würde.

Haridschan, 21. 7. 1946

In seiner Ansprache nach dem Abendgebet in Uruli sagte Gandhi, sie sollten, statt Wut gegen einen Dieb oder Verbrecher zu empfinden und dafür zu sorgen, daß er bestraft wird, versuchen, sich in seine Haut zu versetzen, um die Ursache seines Verbrechens zu verstehen und zu beseitigen. Sie sollten zum Beispiel ihn einen Beruf lehren und ihn mit den nötigen Mitteln versehen, damit er seinen Lebensunterhalt auf ehrliche Weise verdienen und dadurch sein Leben ändern kann. Sie sollten erkennen, daß ein Dieb oder ein Verbrecher von derselben Art ist wie sie selbst. In der Tat, würden sie den Suchscheinwerfer nach innen richten und ihre eigene Seele genau betrachten, so würden sie entdecken, daß der Unterschied zwischen ihnen und ihm nur ein gradueller ist.

Haridschan, 11. 8. 1946

Mord kann niemals durch Mord oder Entschädigung geahndet werden. Der einzige Weg, Mord zu ahnden, besteht darin, sich selbst ohne den Wunsch nach Rache als bereitwilliges Opfer anzubieten. Rache oder Entschädigung mögen dem Einzelnen eine gewisse Genugtuung verschaffen, aber ich bin völlig sicher, daß sie den Frieden niemals wiederherstellen und niemals die Gesellschaft emporheben können.

Haridschan, 18. 8. 1946

13 Satjagraha oder gewaltfreier Widerstand

Diejenigen, die widerstandslos sterben, sind am ehesten geeignet, die Furie der Gewalt durch ihr gänzlich unschuldiges Opfer zu besänftigen. Eine solche wahrhaft gewaltfreie Aktion ist jedoch unmöglich, wenn sie nicht aus der innersten Überzeugung entspringt, daß der, den Du für einen Räuber oder Schlimmeres hältst und fürchtest, und Du eins sind, und daß es daher besser ist, wenn Du von seiner Hand stirbst, als wenn er, Dein unwissender Bruder, von Deiner Hand stirbt.

Haridschan, 29. 6. 1940

Die Kongreßleute haben niemals ernsthaft über die Frage nachgedacht, wie man einen gewaltfreien Weg finden könnte, mit Aufständen fertig zu werden. Ihre Gewaltfreiheit beschränkte sich lediglich darauf, den staatlichen Behörden gegenüber zivilen Widerstand zu leisten. Meiner Meinung nach verdient eine Gewaltfreiheit, die nur so weit und nicht weiter geht, schwerlich den Namen Ahimsa. Sie mögen sie, wenn sie wollen, waffenlosen Widerstand nennen. Soweit ihm der Plan zugrunde liegt, die Regierung in Schwierigkeiten zu bringen, ist er eine Spielart von Himsa (Gewalt). Um Aufstände gewaltfrei zu bezwingen, muß man echte Ahimsa im Herzen tragen, eine Ahimsa, die selbst den irrenden Rowdy in ihre warmherzige Umarmung einschließt. Es ist möglich, solch eine Haltung zu entwickeln. Sie kann als Folge ausdauernder und geduldiger Anstrengung in Friedenszeiten entstehen. Das angehende Mitglied einer Friedensbrigade sollte mit dem sogenannten Rowdy-Element in seiner Nachbarschaft in enge Berührung kommen und mit ihm Bekanntschaft pflegen. Es sollte alle kennen und allen bekannt sein und die Herzen aller durch seinen selbstlosen Dienst gewinnen. Es sollte keine Bevölkerungsgruppe als zu verachtenswert oder minderwertig betrachten, um mit ihr zu verkehren. Rowdys fallen weder vom Himmel, noch kommen sie aus der Erde wie böse Geister. Sie sind das Produkt sozialer Zerrüttung. Die Gesellschaft ist daher für ihre Existenz verantwortlich. Mit anderen Worten, sie sollten als Symptom der Verderbtheit unseres Gemeinwesens betrachtet werden. Um das Übel zu beseitigen, müssen wir zuerst die zugrundeliegende Ursache herausfinden. Das Heilmittel zu finden, ist dann eine vergleichsweise einfache Aufgabe.

Haridschan, 15. 9. 1940

Das Schwert des Satjagrahi ist Liebe und eine unerschütterliche Festigkeit, die daraus erwächst. Er wird Hunderte von Rowdies, die ihm gegenüberstehen, als Brüder betrachten und statt zu versuchen, sie zu töten, wird er es vorziehen, von ihrer Hand zu sterben und dadurch zu leben.

Das ist leicht gesagt. Doch wie kann ein einzelner Satjagrahi inmitten einer riesigen Bevölkerung Erfolg haben? Hunderte von Rowdies wurden in der Innenstadt von Bombay losgeschickt, um Brandstiftung und Plünderung zu begehen. Ein einzelner Satjagrahi wäre wie ein Tropfen im Ozean gewesen. So argumentiert der Briefschreiber. Meine Antwort lautet, ein Satjagrahi sollte vor der Gefahr niemals davonlaufen, gleichgültig, ob er allein ist oder in Begleitung vieler. Er hat seine Pflicht voll und ganz erfüllt, wenn er kämpfend stirbt. Das gilt bereits für den bewaffneten Kampf. Es gilt umso mehr für Satjagraha. Ferner kann das Opfer des einen das Opfer vieler hervorrufen und auf diese Weise womöglich große Wirkungen hervorbringen. Diese Möglichkeit gibt es stets. Doch muß man gewissenhaft der Versuchung widerstehen, nach Erfolg zu trachten.

Haridschan, 17. 3. 1946

Ich bleibe bei meiner Meinung, daß ich recht daran tat, dem Kongreß Gewaltfreiheit als Ausweg aus der Not anzubieten. Ich konnte nicht anders, wenn es darum ging, sie in die Politik einzuführen. Auch in Südafrika führte ich sie als Ausweg aus der Not ein. Dort war sie erfolgreich, denn die Widerstandskämpfer waren eine kleine Schar auf begrenztem Raum und daher leicht zu kontrollieren. Hier dagegen hatten wir zahllose Menschen, verstreut über ein riesiges Land. Das hatte zur Folge, daß sie nicht leicht kontrolliert und ausgebildet werden konnten. Und doch ist es wunderbar, wie sie auf meinen Appell reagierten. Sie hätten noch viel besser reagieren und noch weit bessere Resultate erbringen können. Doch ich trage kein Gefühl der Mißbilligung in mir über die erzielten Ergebnisse. Hätte ich nur mit jenen Menschen anfangen wollen, die Gewaltfreiheit als Glaubensbekenntnis angenommen haben, so wäre ich vielleicht allein auf weiter Flur geblieben. Unvollkommen wie ich bin, begann ich mit unvollkommenen Männern und Frauen und segelte auf einen unerforschten Ozean hinaus. Und Gott sei Dank: wenn das Boot auch noch nicht seinen Hafen erreicht hat, so hat es doch eindeutig seine Seetüchtigkeit bewiesen.

Haridschan, 12. 4. 1942

14 Eine gewaltfreie Polizei

Wenn wir Swaradsch (Selbstregierung, Unabhängigkeit) durch rein gewaltfreie Mittel erreichen, sollte es für uns nicht schwer sein, unsere Verwaltung ohne das Militär aufrechtzuerhalten. Die Rowdies müssen dann von uns im Zaum gehalten werden. Wenn wir zum Beispiel in Sevagram[15] in einer gewaltfrei organisierten Bevölkerung von 700 fünf oder sieben Rowdies haben, dann werden diese fünf oder sieben sich entweder nach den übrigen richten, oder sie werden das Dorf verlassen.

Die Wahrheit zwingt mich jedoch einzuräumen, daß wir möglicherweise eine Polizeitruppe beibehalten müssen. Doch wird es eine Polizeitruppe nach unserer Vorstellung und nicht nach der Vorstellung der Engländer sein. Sie würde, falls ich sie beibehielte, eine Organisation von Reformern sein.

Haridschan, 25. 8. 1940

Ich habe zugestanden, daß selbst in einem gewaltfreien Staat eine Polizeitruppe nötig sein mag. Das ist, zugegeben, ein Zeichen meiner unvollkommenen Ahimsa. Ich habe nicht den Mut zu erklären, wir könnten ohne eine Polizeitruppe auskommen. Natürlich kann ich mir einen Staat vorstellen, in dem die Polizei nicht mehr nötig ist, doch ob es uns je gelingen wird, ihn zu verwirklichen, kann nur die Zukunft zeigen.

Eine Polizei, wie ich sie mir vorstelle, wird jedoch von gänzlich anderer Art sein, als die gegenwärtige. Ihre Reihen werden aus gläubigen Anhängern der Gewaltfreiheit gebildet werden. Sie werden Diener, nicht Herren der Menschen sein. Die Menschen werden ihnen unwillkürlich jede Hilfe leisten und durch wechselseitige Zusammenarbeit werden sie leicht mit den ständig abnehmenden Unruhen fertig werden. Diese Polizeitruppe wird bestimmte Waffen haben, doch sie werden selten gebraucht, wenn überhaupt. Tatsächlich werden die Polizisten Reformer sein. Ihre Polizeiarbeit wird sich hauptsächlich auf Räuber und Gewalttäter beschränken. Auseinandersetzungen zwischen Arbeit und Kapital oder Streiks wird es in einem gewaltlosen Staat nur wenige und in großen Abständen geben, denn der Einfluß der gewaltlosen Mehrheit wird so groß sein, daß er den wichtigsten Gesellschaftsgruppen Respekt abnötigt. Dementsprechend wird es auch keine Unruhen zwischen den Religionsgemeinschaften geben.

Haridschan, 1. 9. 1940

---

[15] Gandhis Aschram in Zentralindien in den Jahren 1933–1948. Ein Aschram ist eine geistige Lebensgemeinschaft, häufig unter einem Guru, einem geistigen Lehrer, etwa der klösterlichen Gemeinschaft des Abendlandes entsprechend.

15 Eine gewaltfreie Armee

Wir beide, du und ich, müssen unsere Ahimsa (Gewaltfreiheit) in dem Augenblick unter Beweis stellen, wo es Aufruhr oder ähnliche Unruhe gibt. Wenn jeder von uns, wo immer er sich befindet, sich so verhält, entsteht eine gewaltfreie Armee.

Haridschan, 11. 8. 1940

Das Alphabet der Ahimsa wird am besten in der häuslichen Schule gelernt, und ich kann aus Erfahrung sagen, daß, wenn wir da erfolgreich sind, wir es zweifellos überall sein werden. Für eine gewaltfreie Person ist die ganze Welt eine Familie. Sie wird daher niemanden fürchten, noch werden andere sie fürchten. Man mag dem entgegenhalten, nur wenige könnten eine solche Prüfung in Gewaltfreiheit bestehen. Das mag richtig sein, aber es ist keine Antwort auf meinen Vorschlag. Diejenigen, die vorgeben, an die Gewaltfreiheit zu glauben, sollten wissen, was dieser Glaube bedeutet. Und wenn sie angstvoll davor zurückschrecken, steht es ihnen frei, diesen Glauben aufzugeben. Diejenigen aber, die für sich in Anspruch nehmen, an die Gewaltfreiheit zu glauben, sollten wissen, was von ihnen erwartet wird. Sollten sich, als Folge davon, die Reihen der gewaltfreien Armee lichten, so macht das nichts aus. Eine Armee von wahrhaft gewaltfreien Soldaten, sei sie auch noch so klein, hat gute Aussicht, sich eines Tages zu vervielfachen. Eine Armee aus Soldaten dagegen, die nicht wahrhaft gewaltfrei sind, wird wahrscheinlich niemals von Nutzen sein, gleichgültig, ob sie wächst oder schrumpft. Aus dem Vorangegangenen sollte niemand den Schluß ziehen, eine gewaltfreie Armee stünde nur denen offen, die sämtliche Konsequenzen der Gewaltfreiheit in ihrem Leben voll verwirklicht haben. Sie steht vielmehr all denen offen, die diese Konsequenzen akzeptieren und eine ständig wachsende Anstrengung unternehmen, ihnen gerecht zu werden. Es wird nie eine Armee vollkommen gewaltfreier Menschen geben. Sie wird vielmehr aus Menschen bestehen, die sich ehrlich darum bemühen, Gewaltfreiheit zu beobachten.

Eine gewaltfreie Armee ist, im Unterschied zu einer Armee bewaffneter Männer, in Friedenszeiten ebenso tätig wie in der Zeit von Unruhen. Sie wäre ständig mit aufbauenden Tätigkeiten, die dem Aufruhr den Boden entziehen, beschäftigt. Sie würde ständig nach Gelegenheiten suchen, kriegführende Gemeinschaften zusammenzuführen, Friedenspropaganda zu verbreiten und sich in Tätigkeiten zu engagieren, die sie mit allen in ihrer Gemeinde, ob Mann oder Frau, Erwachsener oder Kind, in Berührung bringen. Solch eine Armee sollte imstande sein, mit jeder Notlage fertig zu werden. Sie sollte Menschenleben in ausreichender Zahl riskieren, um die Raserei des Mobs zu beruhigen. Einige hundert, vielleicht einige tausend solcher makelloser Opfer würden dem Aufruhr ein für alle Mal ein Ende bereiten. Jedenfalls würden einige hundert junger Männer und Frauen, die sich bewußt der Wut des Mobs ausliefern, sicherlich eine preiswertere und tapferere Methode darstellen, mit solchem Wahnsinn umzugehen, als der Aufmarsch und der Einsatz von Polizei und Militär.

Haridschan, 26. 3. 1938

Satjagraha-Brigaden könnten in jedem Dorf und in jedem Häuserblock in den Städten gebildet werden. Jede Brigade sollte aus Personen zusammengesetzt sein, die den Organisatoren wohlbekannt sind. In dieser Hinsicht unterscheidet sich Satjagraha von bewaffneter Verteidigung. Bei der letzteren erlegt der Staat jedermann den Dienst zwangsweise auf. Für eine Satjagraha-Brigade kommen nur die in Frage, die an Ahimsa und Wahrheit glauben. Deshalb ist für die Organisatoren eine gründliche Kenntnis der beteiligten Personen vonnöten.

Haridschan, 17. 3. 1946

1. Ein Mitglied der Friedensbrigade muß einen lebendigen Glauben an die Gewaltfreiheit besitzen. Das ist unmöglich ohne einen lebendigen Glauben an Gott. Ein gewaltfreier Mensch kann nichts tun außer durch die Macht und die Gnade Gottes. Ohne sie hätte er nicht den Mut, ohne Zorn zu sterben, ohne Furcht und ohne Rachegefühle. Ein solcher Mut erwächst aus dem Glauben, daß Gott im Herzen aller wohnt und daß es in der Gegenwart Gottes keine Furcht geben darf. Das Wissen um die Allgegenwart Gottes bedeutet auch Respekt vor dem Leben derer, die man Gegner oder Rowdies nennt. Wer so vorgeht, wie hier beschrieben, besänftigt die Wut im Menschen, wenn das Tier in ihm Oberhand gewonnen hat.

2. Der Friedensbote sollte für alle Weltreligionen die gleiche Hochachtung empfinden. So wird er, wenn er ein Hindu ist, die anderen in Indien verbreiteten Glaubensrichtungen respektieren. Er sollte daher die allgemeinen Grundsätze der verschiedenen Glaubensbekenntnisse im Land kennen.

3. Im allgemeinen kann diese Friedensarbeit nur durch Ortsansässige an ihren jeweiligen Heimatorten geleistet werden.

4. Die Arbeit kann einzeln oder in Gruppen getan werden. Daher braucht niemand auf Gefährten zu warten. Dennoch wird man selbstverständlich nach Gefährten suchen und am Wohnort eine Brigade bilden.

5. Der Friedensbote wird durch persönlichen Dienst Verbindung mit den Menschen an seinem Wohnort oder in dem von ihm gewählten Personenkreis pflegen, so daß er, wenn er auftaucht, um gefährlichen Situationen zu begegnen, nicht als ein völlig Fremder, den man zwangsläufig für eine verdächtige Person oder einen unwillkommenen Besucher hält, erscheint.

6. Unnötig zu erwähnen, ein Friedensbote sollte einen tadellosen Charakter haben und für seine strikte Unparteilichkeit bekannt sein.

7. Im allgemeinen gibt es Zeichen, die einen Sturm ankündigen. Die Friedensbrigade wird, sobald sie von ihnen Kenntnis erhält, nicht bis zum Ausbruch der Feuersbrunst warten, sondern sie wird versuchen, die Lage zu entschärfen, ehe es zum Ausbruch von Gewalttätigkeiten kommt.

8. Sollte sich die Bewegung ausbreiten, wäre es gut, wenn es einige Vollzeitarbeiter gäbe. Doch ist das nicht unbedingt nötig. Die Hauptsache ist, so viele gute, zuverlässige Männer und Frauen wie möglich zu gewinnen. Das gelingt nur, wenn die Freiwilligen aus dem Kreis derer rekrutiert werden, die in verschiedenen Lebensbereichen tätig sind und doch genügend Muße haben, um freundschaftliche Beziehungen mit den Menschen ihrer Umgebung zu pflegen. Auch sonst sollten sie die Fähigkeiten besitzen, die für ein Mitglied der Friedensbrigade erforderlich sind.

9. Die Mitglieder der hier konzipierten Friedensbrigade sollten eine Kleidung tragen, die sie von anderen unterscheidet, so daß sie im Laufe der Zeit ohne die geringste Schwierigkeit erkannt werden.

Das sind nur allgemeine Vorschläge. Jedes Zentrum kann seine eigene Verfassung auf der hier vorgeschlagenen Grundlage ausarbeiten.

Haridschan, 18. 6. 1938

Normalerweise beruht die effiziente Leitung einer großen freiwilligen Truppe auf der Möglichkeit, im Fall von Disziplinverstößen Zwang anzuwenden. Bei solchen Einheiten wird auf den Charakter eines Menschen wenig oder keinen Wert gelegt. Der Körper ist der Hauptfaktor. In gewaltfreien Einheiten muß das Gegenteil gelten. Bei ihnen muß der Charakter oder die Seelenkraft das Wichtigste sein und die körperliche Tüchtigkeit an zweiter Stelle stehen. Es ist nicht leicht, viele Menschen von solcher Art zu finden. Gewaltfreie Gruppen müssen daher klein bleiben, sollen sie leistungsfähig sein. Solche Brigaden können über das ganze Land verstreut sein. In jeder Stadt kann es eine geben.

Die Mitglieder müssen einander gut kennen. Jede Gruppe wählt ihren eigenen Leiter. Alle Mitglieder haben den gleichen Status. Aber, selbst wenn alle dieselbe Arbeit tun, muß es doch eine Person geben, deren Autorität sich alle unterordnen, andernfalls wird die Arbeit leiden. Wo es zwei oder mehr Brigaden gibt, müssen die Leiter sich untereinander beraten und auf eine gemeinsame Linie des Handelns einigen. Allein dieser Weg verspricht Erfolg.

Wenn die gewaltfreien Freiwilligengruppen nach den oben genannten Richtlinien gebildet werden, können sie Konflikte leicht lösen. Diese Gruppen benötigen nicht die ganze körperliche Ausbildung, wie sie in den Akhadas[16] angeboten wird. Doch ein gewisser Teil davon ist nötig.

Eines sollte jedoch den Mitgliedern all dieser Organisationen gemeinsam sein und das ist ein bedingungsloser Glaube an Gott. Er ist der einzige Schutz und Schild. Ohne Glauben an ihn wird es kein Leben in diesen Friedensbrigaden geben. Dabei spielt es keine Rolle, bei welchem Namen einer Gott nennt. Hauptsache, er erkennt, daß er nur durch seine Kraft wirken kann. Solch ein Mensch wird niemals einem anderen das Leben nehmen. Er wird eher zulassen, daß er, wenn es denn sein muß, stirbt und durch seinen Sieg über den Tod lebt.

Der Geist eines Menschen, in dessen Leben dieses Gesetz lebendige Wirklichkeit geworden ist, wird in einer Krise nicht verwirrt sein. Er wird instinktiv wissen, wie gehandelt werden muß.

Ungeachtet des oben Gesagten möchte ich einige Regeln aufstellen, die aus meiner eigenen Erfahrung hergeleitet sind:

1. Ein Freiwilliger darf keine Waffen tragen.

2. Die Mitglieder der Gruppe müssen leicht zu erkennen sein.

3. Jeder Freiwillige muß Binden, Schere, Nadel und Faden, ein chirurgisches Messer usw. bei sich tragen, um Erste Hilfe leisten zu können.

4. Er sollte wissen, wie man Verwundete trägt und fortschafft.

5. Er sollte wissen, wie man Feuer löscht, wie man eine Brandstätte betritt, ohne sich zu verbrennen, wie man bei Rettungsarbeiten hochklettert und – mit oder ohne Last – wieder heruntersteigt.

6. Er sollte mit allen ortsansässigen Einwohnern gut bekannt sein. Das allein ist schon eine Dienstleistung.

---

[16] Sportschulen

7. Er sollte den Namen Gottes ständig in seinem Herzen rezitieren und andere, sofern sie gläubig sind, dazu überreden, dasselbe zu tun.

Es gibt viele, die, entweder aus geistiger Trägheit oder aus schlechter Gewohnheit, glauben, daß Gott existiert und uns ungefragt hilft. Warum sollte es dann noch nötig sein, seinen Namen zu wiederholen? Es ist wahr, daß Gott unabhängig von unserem Glauben existiert, aber die Verwirklichung Gottes ist unendlich viel mehr als bloßer Glaube. Sie kann nur erreicht werden durch beständige Übung. Das gilt für jede Wissenschaft, um wieviel mehr für die Wissenschaft der Wissenschaften.

Oft wiederholen Menschen den Namen Gottes papageienhaft und erwarten, daß solches Tun Früchte trägt. Der aufrichtige Sucher muß jenen lebendigen Glauben in sich tragen, der nicht nur die Unwahrheit papageienhafter Wiederholung bei ihm selbst, sondern auch im Herzen anderer vertreibt.

Haridschan, 5. 5. 1946

Es gibt nur wenig Gemeinsamkeiten in der vorbereitenden Ausbildung beim Militär und bei der gewaltfreien Armee. Dazu gehören Disziplin, Drill, gemeinsames Singen, Flaggenhissen, Zeichengeben und ähnliches. Selbst das ist nicht unbedingt nötig und geschieht auf einer anderen Grundlage. Die unbedingt notwendige Ausbildung für eine gewaltfreie Armee ist ein unerschütterlicher Glaube an Gott, bereitwilliger und vollkommener Gehorsam gegenüber dem Leiter der gewaltfreien Armee sowie vollkommene innere und äußere Zusammenarbeit zwischen den Einheiten der Armee.

Haridschan, 12. 5. 1946

"Wir können uns nicht vorstellen, wie sie einer fremden Invasion gewaltfrei standhalten wollen."

Ich kann ihnen kein vollständiges Bild zeichnen, weil wir aus der Vergangenheit keine Erfahrung besitzen, auf die wir zurückgreifen können. Außerdem handelt es sich gegenwärtig nicht um eine Realität, der wir uns stellen müssen. Wir haben die Regierungsarmee aus Sikhs, Pathanen und Gurkhas. Ich kann nur so viel sagen, daß ich mich mit meiner gewaltfreien Armee von, sagen wir, zweitausend Personen, zwischen die beiden kämpfenden Armeen werfen würde. Aber ich weiß, das ist keine Antwort. Ich kann nur so viel sagen, wir sollten in der Lage sein, die Gewalt des Angreifers auf ein Minimum zu reduzieren. Der General einer gewaltfreien Armee braucht eine größere Geistesgegenwart als der einer gewaltsam kämpfenden Armee. Möge Gott ihn mit dem nötigen Einfallsreichtum segnen, um mit unvorhergesehenen Situationen fertigzuwerden.

Ich will versuchen zu erklären, welcher Art meine Armee wäre. Sie hat nicht und braucht auch nicht den Einfallsreichtum des Generals zu haben. Sie wird jedoch einen vollkommen disziplinierten Geist besitzen, um seine Anordnungen gewissenhaft auszuführen. Der General sollte über eine Autorität verfügen, die den fraglosen Gehorsam seiner Armee gewährleistet und er wird von ihr nicht mehr erwarten als diesen Gehorsam. Der Dandi-Marsch[17] war ausschließlich meine Idee. Pandit Motilaldschi[18] lachte zunächst darüber. Er hielt ihn für ein quichotisches Abenteuer und Dschamnalaldschi[19] schlug stattdessen einen Marsch zum Palast des Vizekönigs vor! Doch für mich kam nur der Salzmarsch in Frage, denn ich mußte vom Standpunkt von Millionen unserer Landsleute aus denken. Es war eine Idee, die Gott mir eingegeben hatte. Pandit Motilaldschi argumentierte einige Zeit, und dann sagte er, er dürfte nicht argumentieren, denn schließlich sei ich der General und er müsse mir vertrauen. Später, als er mich in Tschambusar traf, war er völlig bekehrt, denn er sah mit eigenen Augen das Erwachen, das die Massen ergriffen hatte. Wo in der Geschichte finden wir etwas Vergleichbares zu dem gelassenen Mut, den unsere Frauen in so großer Zahl bewiesen?

Und doch war von den vielen tausend Menschen, die an der Bewegung teilnahmen, niemand überdurchschnittlich. Es waren allesamt irrende, sündige Sterbliche. Gott gefällt es manchmal, sich der zerbrechlichsten Instrumente zu bedienen.

Schließlich, wie muß eine Armee aussehen, die gewinnt? Sie kennen Ramas Antwort an Wibhischana, als sich dieser wunderte, wie Rama es fertiggebrachte, einen Widersacher wie Rawana zu besiegen, obwohl er keinen Streitwagen und keine Rüstung besaß, ja nicht einmal Schuhe an seinen Füßen trug? Rama antwortete:

"Der Streitwagen, mein lieber Wibhischana, der Rama den Sieg erstritt, ist von anderer Art als die üblichen. Mannhaftigkeit und Mut sind seine Räder; entschlossene Wahrheit und unerschrockenes Wesen sind seine Fahnen und Standarten; Stärke, Urteilsfähigkeit und Wohlwollen sind seine Pferde; Versöhnlichkeit, Mitleid und Gleichmut ihre Zügel. Das an Gott gerichtete Ge-

---

[17] Marsch von Gandhis Aschram Sabarmati bei Ahmedabad nach Dandi an der Küste (rund 320 km), mit dem Gandhi die Unabhängigkeitskampagne von 1930–34 eröffnete. Gandhi hob am Ende des Marsches eine Handvoll unversteuertes Meersalz vom Strand des Indischen Ozeans auf und verstieß damit gegen das Gesetz.
[18] Gemeint ist Motilal Nehru, der Vater Dschawaharlal Nehrus, des ersten Ministerpräsidenten des freien Indien.
[19] Gemeint ist Dschamnalal Badschadsch, ein reicher Freund Gandhis.

bet ist der unfehlbare Wagenlenker jenes Eroberers, Leidenschaftslosigkeit ist sein Schild, Zufriedenheit sein Schwert, Freigiebigkeit seine Streitaxt, Verstand sein Speer und vollkommene Wissenschaft sein starker Bogen. Sein reiner und unerschütterlicher Geist steht für den Köcher, sein geistiger Friede ... steht für das Bündel der Pfeile, und die Verehrung, die er den Brahmanen und seinem geistigen Führer entgegenbringt, ist seine undurchdringliche Rüstung. Es gibt nichts, was dieser Ausrüstung für den Sieg vergleichbar wäre; und kein Feind, mein lieber Freund, kann einen Menschen besiegen, der fest und sicher auf dem Streitwagen der Pflichterfüllung steht. Wer einen so machtvollen Streitwagen besitzt, ist ein Krieger, der selbst den großen und unbesiegbaren Feind überwinden kann – die Welt. Höre auf mich und fürchte Dich nicht."[20]

Das ist die Ausrüstung, die uns zum Sieg führen kann.

Haridschan, 25. 8. 1940

Ein gewaltfreier Mensch oder eine gewaltfreie Gesellschaft rechnet nicht im voraus mit Angriffen von außen, gegen die man vorsorgen müsse. Im Gegenteil glaubt ein solcher Mensch oder eine solche Gesellschaft fest daran, daß niemand sie beunruhigen werde. Wenn das Schlimmste geschieht, so stehen der Gewaltfreiheit zwei Wege offen. Einmal den Besitz preiszugeben, doch nicht mit dem Angreifer zusammenzuarbeiten. Angenommen, ein moderner Nero stiege herab nach Indien, so würden ihn die Repräsentanten des Staates zwar einlassen, aber ihm ankündigen, daß er vom Volk keine Unterstützung erhalten werde. Sie würden den Tod der Unterwerfung vorziehen. Der zweite Weg bestünde in gewaltfreiem Widerstand des Volkes, das darauf vorbereitet wäre. Es würde sich waffenlos dem Angreifer als Kanonenfutter darbieten. Der leitende Glaube bei beiden Verfahren ist, daß auch ein Nero nicht ohne Herz ist. Das unerwartete Schauspiel endloser Reihen von Männern und Frauen, die einfach sterben, statt sich dem Willen eines Angreifers zu beugen, wird schließlich ihn und seine Heerscharen erweichen. Praktisch gesprochen wird der Verlust an Menschenleben vermutlich nicht größer sein, als wenn bewaffneter Widerstand geleistet würde; und es wird keine Verschwendung für Rüstungen und Befestigungsanlagen geben. Das Training in Gewaltlosigkeit, welches das Volk durchgemacht hat, wird seine moralische Höhe um ein Beträchtliches gesteigert haben. Solche Männer und Frauen werden persönliche Tapferkeit eines Typs gezeigt haben, der jenem weit überlegen ist, den man bei der Kriegsführung mit Waffen zu sehen bekommt. In jedem Fall besteht die Tapferkeit im Sterben, nicht im Töten. Und schließlich gibt es beim gewaltfreien Widerstand nicht

---

[20] Diese poetische Beschreibung entstammt dem Ramajana des Tulsidas.

so etwas wie Niederlage. Daß dergleichen sich früher nicht ereignet habe, ist keine Antwort auf meine Überlegung.

Ich habe kein unmögliches Gemälde entworfen. Die Geschichte ist voll von Beispielen individueller Gewaltfreiheit des Typs, den ich erwähnte. Es gibt keine Gewähr für die Behauptung, daß eine Vielzahl von Männern und Frauen nicht bei entsprechender Ausbildung als eine Gruppe oder Nation gewaltfrei handeln könnte. Tatsächlich geht die Gesamterfahrung der Menschheit dahin, daß die Menschen auf die eine oder andere Weise weiterleben. Aus dieser Tatsache schließe ich, es sei das Gesetz der Liebe, das die Menschheit regiert. Hätte uns Gewalt, also Haß regiert, so wären wir schon lange ausgetilgt worden. Die Tragödie dabei ist jedoch, daß sich die sogenannten zivilisierten Menschen und Nationen so benehmen, als wäre Gewalt die Grundlage der Gesellschaft. Es erfüllt mich mit unaussprechlicher Freude, experimentell zu beweisen, daß Liebe das höchste und einzige Gesetz des Lebens ist. Die große Augenscheinlichkeit des Gegenteils kann meinen Glauben nicht erschüttern. Selbst die gemischte Gewaltlosigkeit Indiens hat ihn bekräftigt. Doch wenn sie auch nicht ausreicht, einen Ungläubigen zu überzeugen, genügt sie doch, eine freundliche Kritik günstig darauf blicken zu lassen.

Haridschan, 13. 4. 1940

Der Arbeitsausschuß des Kongresses vertritt die Auffassung, daß, wenn es uns auch möglich ist, Ahimsa bei inneren Unruhen anzuwenden, Indien doch die Kraft fehle, Ahimsa gegen die Invasion eines äußeren Feindes einzusetzen. Dieser Mangel an Glauben hat mich enttäuscht. Ich zweifle nicht daran, daß die unbewaffneten Millionen Indiens Ahimsa auf diesem weiten Feld erfolgreich anwenden können.

Die Kongreßleute sollten sich darin ausbilden, ihr Land mit einer gewaltfreien Armee zu verteidigen. Es handelt sich dabei um ein völlig neues Experiment. Doch wer, außer dem Kongreß, kann es unternehmen – eben den Kongreß, der es erfolgreich auf *einem* Gebiet unternommen hat? Ich glaube unerschütterlich daran, daß, sofern wir eine ausreichende Zahl gewaltfreier Soldaten haben, wir mit Sicherheit auch auf diesem neuen Feld erfolgreich sein können, ganz abgesehen von der Einsparung nutzlos verschwendeter Millionen von Rupien.

Haridschan, 13. 7. 1940

Japan klopft an unsere Pforten. Was können wir auf gewaltfreie Weise dagegen tun? Wären wir ein freies Land, so könnten wir die Japaner gewaltfrei davon abhalten, in das Land einzudringen. Der gewaltfreie Widerstand würde in dem Augenblick beginnen, in dem sie landen.

Die gewaltfreien Widerstandskämpfer würden ihnen jede Hilfe verweigern, sogar das Wasser, denn sie sind nicht verpflichtet, jemandem dabei zu helfen, ihr Land zu stehlen. Wenn aber ein Japaner sich verirrt hat und als Mensch Hilfe sucht, weil er verdurstet, würde ein gewaltfreier Widerstandskämpfer, der niemanden als seinen Feind betrachten darf, dem Durstigen Wasser geben. Angenommen, die Japaner zwingen die Widerstandskämpfer, ihnen Wasser zu geben, so müssen sie Widerstand leisten und notfalls sterben. Es ist denkbar, daß die Japaner beschließen, alle Widerstandskämpfer auszurotten. Solchem gewaltfreien Widerstand liegt der Glaube zugrunde, daß der Aggressor schließlich geistig und selbst körperlich müde wird, gewaltfreie Widerstandskämpfer zu töten. Er wird anfangen nachzuforschen, worin diese (für ihn) neue Kraft besteht, die die Zusammenarbeit verweigert ohne das Verlangen, zu verletzen, und wird wahrscheinlich vom weiteren Schlachten ablassen. Es kann aber auch sein, daß die Widerstandskämpfer feststellen müssen, die Japaner seien äußerst herzlos und daß es ihnen völlig gleichgültig ist, wieviele sie töten. Nichtsdestoweniger werden die Widerstandskämpfer ihr Ziel insofern erreicht haben, als sie die Ausrottung der Unterwerfung vorzogen.

Haridschan, 12. 4. 1942

Frage: Wie kann man in diesem idealen Staat (es handelt sich zweifellos um ein Ideal) sicherstellen, daß eine Aggression von außen vermieden werden kann? Wenn der Staat keine moderne Armee mit modernen Waffen hat, die ein Erzeugnis des Maschinenzeitalters sind, kann eine Invasionsarmee mit modernen Waffen das Land überrennen und die Einwohner der Sklaverei unterwerfen.

Antwort: Der Fragesteller, der den Anspruch erhebt, er habe meinen Artikel sorgfältig und wiederholt gelesen, der weiterhin sagt, er habe ihm gefallen und der schließlich ein Angehöriger des Militärs ist, hat offensichtlich den zentralen Punkt meines Artikels übersehen, nämlich, daß eine Nation oder selbst eine Gruppe, mag sie auch noch so klein sein, ebenso wie das Individuum in der Lage ist, ihre Ehre und ihre Selbstachtung gegen eine ganze Welt in Waffen zu verteidigen, vorausgesetzt, sie ist einig und besitzt den Willen und den Mut dazu. Darin besteht die unvergleichliche Stärke und Schönheit der Unbewaffneten. Gewaltfreie Verteidigung kennt oder anerkennt in keinem Stadium eine Niederlage. Deshalb kann eine Nation oder eine Gruppe, die ein für allemal Gewaltfreiheit als ihre Politik angenommen hat, nicht einmal durch die Atombombe der Sklaverei unterworfen werden.

Haridschan, 18. 8. 1946

Frage: Ist es einem modernen Staat, der wesentlich auf Zwang beruht, möglich, gewaltfreien Widerstand zu leisten, um den inneren oder äußeren Kräften des Aufruhrs zu begegnen?

Antwort: Für einen modernen, auf Zwang gegründeten Staat ist das nicht möglich. Ein Mensch kann nicht Gott und Mammon dienen, so wenig wie man gleichzeitig "beherrscht und wütend" sein kann.

Frage: Wird der Rowdy, wenn er weiß, daß der Gegner sich der Gewaltfreiheit verschrieben hat, dadurch nicht oftmals ermutigt?

Antwort: Der Rowdy kann sich entfalten, wenn er es mit Gewaltlosigkeit der Schwachen zu tun hat. Die Gewaltlosigkeit des Starken (Gewaltfreiheit) ist allzeit stärker als die des tapfersten vollbewaffneten Soldaten oder eines ganzen Heeres.

Frage: Ist nicht gewaltfreier Widerstand von seiten der militärisch Starken wirksamer als der von seiten militärisch Schwacher?

Antwort: Das ist ein Widerspruch in sich. Einen gewaltfreien Widerstand militärisch Starker gibt es nicht. Folglich muß Rußland, wenn es wahrhaft gewaltfrei handeln will, sein ganzes Gewaltpotential aufgeben. Wahr ist jedoch, daß diejenigen, die einmal durch die Macht der Waffen stark waren, besser in der Lage sind, der Welt und folglich auch ihren Gegnern ihre Gewaltfreiheit zu zeigen, wenn sie erst einmal ihre Haltung geändert haben.

Haridschan, 12. 5. 1946

"Wie, glauben Sie, können die Massen Gewaltfreiheit praktizieren, wo wir doch wissen, daß sie für Wut, Haß und Feindseligkeit durchaus anfällig sind? Wie man weiß, kämpfen sie um die trivialsten Dinge."

"Das stimmt, und doch glaube ich, daß sie für das Gemeinwohl Gewaltfreiheit praktizieren können. Meinen Sie, die Tausende von Frauen, die steuerfreies Salz sammelten, hätten Feindschaft gegen irgendjemanden empfunden? Sie wußten, daß der Kongreß oder Gandhi sie gebeten hatte, bestimmte Dinge zu tun, und so taten sie sie in Glaube und Hoffnung. Die vollkommenste Demonstration der Gewaltfreiheit geschah meines Erachtens in Tschamparan[21]. Trugen die Tausende von Pächtern, die gegen Mißstände in der Landwirtschaft revoltierten, die geringste Feindseligkeit gegen die Plantagenbesitzer oder die Regierung im Herzen? Sie glaubten an die Gewaltfreiheit ohne tiefere Einsicht,

---

[21] Landschaft in den Vorbergen des Himalaja, Schauplatz der gewaltfreien Kampagne Gandhis für die Rechte der Indigobauern im Jahre 1917. Siehe Louis Fischer: Das Leben des Mahatma, München o.J., S. 156-162.

so wie viele ohne tiefere Einsicht glauben, die Erde sei rund. Aber sie glaubten aufrichtig an ihre Führer und das genügte. Für die, die sie führen, gilt etwas anderes. Ihr Glaube muß einsichtig sein und sie müssen den Konsequenzen ihres Glaubens gerecht werden."

Haridschan, 4.11.1939

Kritiker können mit Vernunftgründen darlegen, die von mir geschilderte Gewaltfreiheit sei für die Masse der Menschen unmöglich. Sie sei nur besonders hochentwickelten Menschen möglich. Ich habe diese Sicht der Dinge bestritten und behauptet, daß, vorausgesetzt, es ist eine geeignete Ausbildung und Leitung vorhanden, Gewaltfreiheit auch von Menschenmassen praktiziert werden kann.

Haridschan, 17.12.1938

16 Rüstung und Militär in einem unabhängigen Indien

Bei der von mir erträumten Unabhängigkeit (Selbstregierung) braucht man überhaupt keine Waffen. Aber ich erwarte nicht, daß dieser Traum als Ergebnis der Anstrengungen, die wir gegenwärtig unternehmen, in seiner ganzen Fülle Wirklichkeit wird: Erstens, weil die Anstrengung nicht unmittelbar auf dieses Ziel gerichtet ist, zweitens, weil ich mich nicht für fortgeschritten genug halte, der Nation eine detaillierte Handlungsanweisung für eine solche Vorbereitung zu geben. Ich bin noch viel zu sehr von Leidenschaft und anderen Schwächen der menschlichen Natur erfüllt, um die Berufung oder die Befähigung dazu zu fühlen. Ich nehme für mich nur in Anspruch, daß ich unaufhörlich danach trachte, jede meiner Schwächen zu überwinden. Ich habe, glaube ich, im großen und ganzen die Fähigkeit erlangt, meine Sinne zu beherrschen und zu zügeln, aber ich bin zur Sünde nicht unfähig geworden, das heißt, unfähig, von den Sinnen beherrscht zu werden. Ich glaube, daß es jedem Menschen möglich ist, jenen gesegneten und unbeschreiblichen Zustand zu erreichen, in dem er die Gegenwart Gottes und nichts anderes in sich fühlt. Das ist, ich muß es zugeben, bis jetzt ein fernes Ziel für mich. Und deshalb ist es mir nicht möglich, der Nation gegenwärtig einen Weg zu zeigen, wie Gewaltfreiheit in der Praxis vollendet werden könnte.

Jung Indien, 17.11.1921

Ich bin außerstande, dem Land universale Gewaltfreiheit zu verkünden. Deshalb verkünde ich eine Gewaltfreiheit, die sich strikt darauf beschränkt, unsere Freiheit zu gewinnen, und die darüber hinaus vielleicht sogar geeignet ist, internationale Beziehungen mit gewaltfreien Mitteln zu ordnen. Meine Unfähigkeit sollte jedoch nicht fälschlicherweise der Lehre der Gewaltfreiheit zugeschrieben werden. Mit meinem Verstand schaue ich sie in all ihrem Glanz. Mein Herz erfaßt sie. Doch habe ich noch nicht die Fähigkeit erlangt, mit Erfolg universale Gewaltfreiheit zu verkünden. Ich bin für diese große Aufgabe noch nicht reif genug. Ich fühle noch Zorn in mir, ich trage noch Dwaitabhana – Zwiespalt – in mir. Ich kann meine Leidenschaften lenken, ich unterwerfe sie meiner Kontrolle, doch ehe ich mit Erfolg universale Gewaltfreiheit verkünden kann, muß ich von den Leidenschaften gänzlich frei sein. Ich muß zur Sünde völlig unfähig sein. Möge jeder Revolutionär mit mir und für mich beten, daß ich bald dahin komme. Aber bis dahin möge er mit mir den einen Schritt tun, den ich so klar sehe wie den lichten Tag. Er besteht darin, Indiens Freiheit mit strikt gewaltfreien Mitteln zu gewinnen. Dann werden wir im unabhängigen Indien eine disziplinierte, klug ausgebildete Polizeitruppe haben, die die Ordnung im Inneren aufrecht erhält und Eindringlinge von außen bekämpft, sofern nicht ich oder jemand anderes zur gegebenen Zeit einen besseren Weg zeigen kann, damit fertig zu werden.

Jung Indien, 7.5.1925

Als die heldenhaften Polen sich hartnäckig gegen die ihnen an Zahl, militärischer Ausbildung und Stärke weit überlegenen deutschen Horden wehrten, war das fast gewaltlos. Es macht mir nichts aus, diese Feststellung ständig zu wiederholen. Die Betonung liegt dabei auf dem Wort "fast". Doch wir hier in Indien sind 400 Millionen. Wie können wir uns, wenn wir uns vornehmen, eine große Armee zu organisieren und uns darauf vorbereiten, gegen Angriffe von außen zu kämpfen, bei Aufbietung aller Phantasie fast gewaltlos, geschweige denn gewaltfrei nennen? Die Polen waren auf die Art und Weise, in der der Feind über sie herfiel, nicht vorbereitet. Wenn wir von bewaffneter Verteidigung sprechen, so heißt das, wir bereiten uns darauf vor, jedem gewaltsamen Angriff mit größerer Gewalt von unserer Seite zu begegnen. Sollte Indien jemals in dieser Weise Vorkehrungen treffen, würde es die größte Bedrohung für den Weltfrieden darstellen. Denn, wenn wir uns für diesen Weg entscheiden, werden wir zugleich den Weg der Ausbeutung wählen müssen.

Haridschan, 25.8.1940

Wenn das freie Indien die gegenwärtigen Militärausgaben tragen muß, so wird es den hungernden Millionen keine Erleichterung bringen.

Haridschan, 9.6.1946

In seiner Ansprache nach dem Gebet sagte Gandhi, er sei überzeugt, daß Indien, sofern es nicht seine gewaltfreie Kraft entwickelt, nichts erreichen werde, weder für sich selbst noch für die Welt. Die Militarisierung Indiens wird seine Zerstörung bedeuten und die der ganzen Welt.

Haridschan, 14. 12. 1947

17 Militärische Ausbildung

Obgleich ich voll und ganz an Ahimsa glaube, kann ich eine militärische Ausbildung für diejenigen, die an die Notwendigkeit glauben, bei gegebenem Anlaß Waffengewalt anzuwenden, verstehen und anerkennen. Ich bin jedoch, solange die Regierung den Bedürfnissen der Bevölkerung gegenüber dermaßen gleichgültig bleibt, außerstande, der Jugend des Landes unter der gegenwärtigen Regierung eine militärische Ausbildung zu empfehlen. Und ich bin unter allen Umständen gegen eine *obligatorische* Militärausbildung, selbst unter einer nationalen Regierung. Diejenigen, die keine Militärausbildung absolvieren möchten, sollten nicht von den öffentlichen Universitäten ausgeschlossen werden. Körperertüchtigung hingegen steht auf einem anderen Blatt. Sie kann und soll, so wie viele andere Fächer, ein Bestandteil jedes soliden Erziehungsprogramms sein.

Jung Indien, 24. 9. 1925

Hätten wir eine nationale Regierung, könnte ich mir Situationen vorstellen, in denen ich, obwohl ich mich an keinem Krieg direkt beteiligen würde, es für meine Pflicht hielte, für die Militärausbildung derer zu stimmen, die sie wünschen. Denn ich weiß, daß nicht alle meine Landsleute in dem Maße wie ich an Gewaltfreiheit glauben. Es ist unmöglich, eine Person oder eine Gesellschaft durch Zwang gewaltfrei zu machen.

Jung Indien, 13. 9. 1928

Ich denke, die Menschen dieses Landes werden nicht leicht zu den Waffen greifen, selbst wenn man die Wehrpflicht einführen sollte. Wie dem auch sei, die Bewaffnung von Millionen, ja selbst von wenigen, ist meine Sache nicht. Sie stößt mich ab. Doch würde ich produktive Arbeitskräfte, gelernt oder ungelernt, zwangsverpflichten. Das wäre, meine ich, die leichteste und wirksamste Methode, um die Gesellschaft auf einer friedlichen Grundlage zu organisieren.

Haridschan, 3. 2. 1940

18   Krieg oder Frieden

Kein Krieg, von dem die Geschichte Kenntnis hat, hat so viele Menschenleben gekostet wie dieser. Größer noch war der moralische Verlust. Man hat die vergiftenden Kräfte, die die Seele zerstören (Lüge und Betrug), ebenso zur Vollkommenheit gesteigert wie die Kräfte, die den Körper zerstören. Die moralischen Folgen waren so schrecklich wie die körperlichen. Es ist noch zu früh, die Auswirkung des durch den Krieg verursachten Zusammenbruchs der Sexualmoral zu ermessen. Das Laster hat sich des Throns der Tugend bemächtigt. Das Tier im Menschen hat unter den gegenwärtigen Umständen die Oberherrschaft erlangt.

Die Folgewirkungen sind vielleicht noch schrecklicher als die unmittelbaren. Kein einziger Staat in Europa verfügt über eine stabile Regierung. Keine Klasse ist mit ihren Lebensbedingungen zufrieden. Jede will sie zu Lasten der übrigen verbessern. Der Krieg zwischen den Staaten ist nun zu einem Krieg in den Staaten geworden.

Indien muß seine Wahl treffen. Es kann, wenn es will, den Weg des Krieges wählen und noch tiefer herabsinken. Im Streit zwischen Moslems und Hindus scheint es seine erste Lektion in der Kunst des Krieges zu nehmen. Wenn Indien womöglich seine Freiheit durch Krieg gewinnt, wird sein Status nicht besser, wahrscheinlich aber viel schlechter sein als der Frankreichs oder Englands.

Doch der Weg des Friedens steht ihm offen. Es erlangt seine Freiheit mit Sicherheit, sofern es Geduld hat. Es wird sich zeigen, daß dies der kürzeste Weg ist, selbst wenn er uns in unserer Ungeduld als der längste erscheinen mag. Der Weg des Friedens sichert uns inneres Wachstum und Stabilität. Wir lehnen ihn ab, weil wir uns einbilden, er bedeute Unterwerfung unter den Willen des Herrschers, der sich über uns erhoben hat. Doch in dem Augenblick, wo wir erkennen, daß dies Erheben nur scheinbar ist und daß wir selbst daran teilhaben, weil wir nicht gewillt sind, unser Leben und unseren Besitz zu verlieren, müssen wir nur eines tun: diese negative Haltung der passiven Unterstützung ändern. Das Leiden, das wir durch diese Änderung auf uns nehmen, ist nichts, verglichen mit den körperlichen Leiden und dem moralischen Verlust, die wir auf uns laden, wenn wir den Weg des Krieges zu gehen versuchen. Und die Leiden des Krieges schaden beiden Seiten. Die Leiden, die entstehen, wenn wir dem Weg des Friedens folgen, müssen dagegen beiden Seiten zugute kommen. Sie sind wie schmerzliche und zugleich freudige Geburtswehen.

Der Weg des Friedens ist der Weg der Wahrheit. Wahrhaftigkeit ist sogar noch wichtiger als Friedfertigkeit. Tatsächlich ist die Lüge die Mutter der Gewalt. Ein wahrhaftiger Mensch kann nicht lange gewalttätig bleiben. Er wird im Laufe seiner Sache erkennen, daß er es nicht nötig hat, gewalttätig zu sein, und er wird weiterhin erkennen, daß er, solange noch die geringste Spur von Gewalt in ihm ist, die Wahrheit, nach der er sucht, niemals findet.

Jung Indien, 20. 5. 1926

19 Warum ich im Krieg Hilfsdienste leistete

Ich glaube, daß ich da, wo es nur die Wahl zwischen Feigheit und Gewalt gibt, zur Gewalt raten würde. Als mein ältester Sohn mich fragte, was er hätte tun sollen, falls er den Anschlag auf mein Leben im Jahr 1908 miterlebt hätte: Davonlaufen und mich ermorden zu lassen, oder, wie er gekonnt und gewollt, mich mit allen Kräften zu beschützen, da erwiderte ich, es wäre seine Pflicht gewesen, mich zu verteidigen, auch unter Anwendung von Gewalt. Aus diesem Grund habe ich auch am Burenkrieg teilgenommen, an der sogenannten Zulu-Expedition und am letzten Krieg (gemeint ist der Erste Weltkrieg). Aus diesem Grund auch befürworte ich die militärische Ausbildung für alle, die an Gewalt glauben. Es wäre mir lieber, daß Indien zu den Waffen griffe, um seine Ehre zu verteidigen, als daß es aus Feigheit tatenlos zusähe, wie seine Ehre in den Schmutz gezogen wird.

Aber ich glaube, daß Gewaltfreiheit der Gewalt unendlich überlegen ist.

Jung Indien, 11. 8. 1920

Ich hatte das Gefühl, die in England lebenden Inder müßten ihren Anteil am Kriege übernehmen. Englische Studenten hatten sich freiwillig zum Heeresdienst gemeldet. Inder sollten nicht weniger tun. Eine Menge Einwände wurden gegen diese Argumentation vorgebracht. Es wurde behauptet, eine Welt trenne Inder und Engländer. Wir waren Sklaven und sie waren Herren. Wie konnte ein Sklave mit dem Herrn zusammenarbeiten in einer Stunde der Bedrängnis des Herren? War es nicht des Sklaven Pflicht, die Bedrängnis des Herren für sich auszunutzen? Diese Argumentation machte mir damals keinen Eindruck. Ich kannte den Unterschied in der Stellung eines Inders und eines Engländers, doch ich glaubte nicht, daß wir völlig versklavt worden seien. Ich hatte damals das Gefühl, der Fehler liege mehr bei einzelnen britischen Beamten als beim britischen System, und wir könnten sie durch Liebe bekehren. Wenn wir unsere Stellung durch die Hilfe und Mitwirkung der Briten verbessern wollten, war es unsere Pflicht, ihre Hilfe dadurch zu gewinnen, daß wir in der Stunde der Not ihnen beistanden. Mochte auch das System fehlerhaft sein, so schien es mir doch nicht unerträglich, wie es mir heute vorkommt. Aber wenn ich mich heute, nachdem ich meinen Glauben an das System verloren habe, weigere, mit der britischen Regierung zusammenzuarbeiten, wie konnten das damals jene Freunde tun, die ihren Glauben nicht nur an das System, sondern auch an die Beamten verloren hatten?

Die opponierenden Freunde hatten das Gefühl, die Stunde sei gekommen, eine kühne Erklärung der indischen Forderungen abzugeben und die Stellung der Inder zu verbessern.

Meine Meinung war, Englands Not sollte nicht von uns als eine günstige Gelegenheit ausgenutzt werden; es sei besser und weitsichtiger, nicht unsere Forderungen zu betonen, solange der Krieg andauerte. Ich blieb daher bei meinem Rat und forderte jene, die dazu bereit waren, auf, sich als Freiwillige anwerben zu lassen. Die Aufforderung fand ein gutes Echo, wobei praktisch alle Provinzen und alle Religionsgemeinschaften unter den Freiwilligen vertreten waren.

Autobiographie, Teil IV, Kapitel 38

Ich stellte meine Dienste nicht nur während des Zulu-Aufstandes zur Verfügung, sondern schon vorher, während des Burenkriegs, und ich hob nicht nur in Indien Soldaten aus während des letzten Krieges, sondern bildete auch 1914 ein Sanitätskorps in London. Wenn ich also gesündigt habe, so ist die Schale meiner Sünden voll bis an den Rand. Ich ließ keine Gelegenheit vorbeigehen, der Regierung zu dienen. Zwei Fragen stellten sich mir während all dieser Krisen: Was habe ich zu tun als Bürger des Reiches, für den ich mich damals hielt, und was habe ich zu tun als überzeugter Anhänger der Religion der Ahimsa, der Gewaltfreiheit?

Heute weiß ich, daß ich unrecht daran tat, mich für einen Bürger des Reiches zu halten, damals aber, zur Zeit jener Ereignisse, glaubte ich aufrichtig, daß mein Volk, ungeachtet der mannigfachen Unzulänglichkeiten, unter denen es zu leiden hatte, der Freiheit entgegengehe, und daß, im ganzen genommen, die Regierung vom Standpunkt des Volkes aus nicht völlig schlecht und die britischen Beamten ehrenhafte Männer seien, wenn auch unnahbar und beschränkt. In dieser Einstellung nahm ich mir vor, zu tun, was jeder Engländer unter den gegebenen Verhältnissen tun würde. Ich verfügte nicht über die nötige Einsicht und konnte mir nicht die Wichtigkeit zumessen, unabhängig vorzugehen. Ich fühlte mich nicht berufen, die ministeriellen Verfügungen mit der Feierlichkeit eines Gerichtshofes zu untersuchen und zu richten. Ich traute den Ministern keine Boshaftigkeit zu, weder zur Zeit des Burenkrieges noch zur Zeit des Zulu-Aufstands oder des letzten Krieges. Ich sah die Engländer nicht für besonders schlimm an, für schlimmer als andere menschliche Wesen – und tue das auch heute nicht. Ich hielt und halte sie noch hoher Absichten und Taten für ebenso fähig wie irgendwelche anderen Völker, aber auch ebenso fähig, Fehler zu machen. Ich fühlte daher, daß ich meiner Pflicht als Mensch und Bürger genügend nachkomme, wenn ich dem Reich in den Stunden der Not – sei es nun eine lokale oder eine allgemeine Not – meine bescheidenen Kräfte anbiete. So meine ich, sollte jeder Inder seinem Lande gegenüber handeln, wenn einmal Swaradsch (Unabhängigkeit) erreicht ist. Es würde mich tief schmerzen, wenn jeder von uns bei jeder denkbaren Gelegenheit sich selber Gesetz sein und jede Handlung unserer künftigen Nationalversammlung mit der Goldwaage nachprüfen wollte. In den meisten Fällen würde ich mein Urteil den Repräsentanten der Nation anheimgeben, nachdem ich die Wahl dieser Repräsentanten mit besonderer Sorgfalt getroffen habe. Andernfalls könnte sich eine demokratische Regierung kaum einen Tag lang halten.

Heute hat sich die Lage für mich völlig verändert. Mir sind, glaube ich, die Augen aufgegangen. Die Erfahrung hat mich klüger gemacht. Nach meinem Dafürhalten ist das bestehende Regierungssystem völlig schlecht, und es bedarf besonderer nationaler Anstrengungen, es zu stürzen oder zu bessern. Die Fähigkeit, sich aus sich selbst zu verbessern, geht ihm ab. Es tut nichts zur Sache, daß ich viele englische Beamte noch für ehrlich halte, denn sie sind nach meiner Ansicht ebenso blind und betrogen, wie ich es damals war. Deshalb kann ich nicht mehr stolz darauf sein, das Reich mein Reich zu nennen oder mich als Bürger dieses Reiches anzusehen. Im Gegenteil erkenne ich, daß ich ein unberührbarer Paria dieses Reiches bin. Ich fühle mich deshalb gedrängt, beständig zu beten, es möchte völlig neu gestaltet oder gänzlich zerstört werden, wie denn auch jeder Hindu-Paria völlig berechtigt wäre, im Hinblick auf den Hinduismus und die Hindu-Gesellschaft so zu beten.

Ebenso war ich ein gewöhnlicher Bürger und nicht klüger als meine Gefährten, als ich selber an Ahimsa glaubte, während die übrigen dies nicht im geringsten taten, vielmehr sich von Zorn und Bosheit treiben ließen, ihre Pflicht der Regierung gegenüber nicht zu erfüllen. Sie weigerten sich aus Unwissenheit und Schwachheit. Als Mitarbeiter der Bewegung war es meine Pflicht, sie auf den rechten Weg zu weisen. Ich setzte ihnen deshalb ihre Pflicht auseinander, erklärte ihnen die Lehre der Ahimsa und überließ ihnen dann die Wahl. Ich bereue nicht, daß ich mich selbst in der Aktion durch Ahimsa bestimmen ließ. Doch würde ich auch unter Swaradsch nicht zögern, denjenigen, die Waffen tragen möchten, zu raten, dies zu tun und für ihr Land zu kämpfen.

Als ich Freiwillige für den Sanitätsdienst in Südafrika und England warb sowie Rekruten für den Außendienst in Indien, hatte ich nicht die Absicht, die Sache des Krieges zu unterstützen, ich half vielmehr der Institution, die Britisches Reich genannt wurde, an deren letztlich wohltätigen Charakter ich damals glaubte. Mein Widerwille gegen den Krieg war damals so stark wie heute; und ich hätte damals kein Gewehr schultern können und wollen. Doch das Leben besteht nicht nur aus einer geraden Linie; es ist ein Bündel von Pflichten, die einander oft widerstreiten. Und so sind wir ständig genötigt, unsere Wahl zwischen dieser und jener Pflicht zu treffen. Ich handelte damals nicht als Privatperson, so wenig wie heute, sondern als Reformer, der gegen die Institution des Krieges agitierte. Ich hatte Männer zu beraten und zu führen, die an den Krieg glaubten, die aber aus Feigheit, aus niedrigen Beweggründen oder aus Wut gegen die britische Regierung sich nicht freiwillig meldeten. Ich zögerte nicht, ihnen zu sagen, daß sie, solange sie an den Krieg glaubten und ihre Treue zur britischen Verfassung bekannten, verpflichtet waren, sie durch ihre freiwillige Meldung zu unterstützen. Obgleich ich nicht an den Waffengebrauch glaube, und obgleich er zur Religion der Ahimsa, zu der ich mich bekenne, im Widerspruch steht, zögere ich doch nicht, mich der Agitation für die Aufhebung des erniedrigenden Waffengesetzes[22], das ich zu den schwärzesten Verbrechen der britischen Regierung gegen Indien rechne, anzuschließen.

Ich glaube nicht an Vergeltung, aber ich zögerte nicht, vor vier Jahren den Bewohnern eines Dorfes bei Bettiah zu sagen, daß sie, da sie nichts von Ahimsa wußten, sich der Feigheit schuldig machten, als sie es versäumten, ihre Ehre und die ihrer Frauen sowie ihr Eigentum mit Waffengewalt zu verteidigen. Und ich habe nicht gezögert, wie der Briefschreiber wissen sollte, den Hindus erst vor kurzem zu sagen, daß sie sich, wenn sie nicht ganz und gar an Ahimsa glauben und sie praktizieren können, eines Verbrechens gegen ihre Religion und die Menschlichkeit schuldig machen, wenn sie es versäumen, die Ehre ihrer Frauen gegen Entführer, die sich nicht schämen, ihnen die Frauen wegzunehmen, mit Waffengewalt zu verteidigen. Alle diese Ratschläge und meine frühere Handlungsweise halte ich nicht nur für vereinbar mit der absoluten Religion der Ahimsa, sondern geradezu für einen unmittelbaren Ausfluß derselben. Es ist einfach genug, eine erhabene Lehre aufzustellen. Sie zu kennen und zu praktizieren inmitten einer Welt voll von Hader, Aufruhr und Leidenschaften ist eine Aufgabe, deren Schwierigkeit ich Tag für Tag klarer erkenne. Und doch wächst in mir täglich die Überzeugung, daß ohne sie das Leben nicht lebenswert ist.

Jung Indien, 5. 11. 1925

---

[22] Dieses Gesetz verbot den Indern das Tragen von Waffen.

Zweifellos war es ein gemischtes Motiv, das mich zur Teilnahme am Kriege bestimmte. An zweierlei kann ich mich erinnern. Obwohl ich als Individuum gegen den Krieg war, hatte ich nicht eine Stellung, aus der ich wirksam gewaltfreien Widerstand hätte leisten können. Gewaltfreier Widerstand kann sich einzig aus wirklich selbstlosem Dienen, aus dem Herzensausdruck der Liebe als Folge ergeben. Zum Beispiel wäre ich nicht in der Lage, einem Wilden Widerstand zu leisten, der Tieropfer darbringt, solange er nicht durch irgendeinen Liebesakt von mir oder auf andere Weise in mir seinen Freund erkennt. Ich sitze nicht zu Gericht über die Welt für ihre mannigfachen Missetaten. Da ich selbst unvollkommen bin und Nachsicht und Nächstenliebe brauche, dulde ich die Unvollkommenheiten der Welt, bis ich eine Gelegenheit zu erfolgversprechendem Angriff finde oder schaffe. Ich spürte, daß, wenn ich durch gehörigen Dienst die Macht und das Vertrauen erlangen könnte, dem Krieg und kriegerischen Vorbereitungen des Reiches Widerstand zu leisten, dies gut für mich wäre, der ich danach trachtete, Gewaltfreiheit in meinem eigenen Leben zu kräftigen und zu erproben, in welchem Maße sie den Massen möglich sei.

Das andere Motiv war, für Swaradsch (Selbstregierung, Unabhängigkeit) vorzusorgen, indem ich mir die Staatsmänner des Reiches verpflichtete. Ich konnte mich nicht derart qualifizieren, außer wenn ich dem Reich in seinem Kampf auf Leben und Tod diente. Ich schreibe dies wohlgemerkt aus meiner Mentalität von 1914 heraus, als ich ein gläubiger Anhänger des Reiches war und aus meinem Bestreben, mich zu befähigen, Indien in seinem Kampf um die Freiheit zu helfen. Wäre ich damals schon der gewaltlose Rebell gewesen, der ich jetzt bin, so hätte ich dem Reich sicherlich nicht geholfen, sondern mit allen der Gewaltfreiheit offenstehenden Mitteln versucht, sein Vorhaben zu vereiteln.

Jung Indien, 15. 3. 1928

Als überzeugter Kriegsgegner habe ich das Waffenhandwerk nie erlernt, trotz mancher Gelegenheit dazu. Vielleicht ist es mir so erspart geblieben, unmittelbar menschliches Leben zu vernichten. Doch solange ich unter einem Regierungssystem lebte, das auf Gewalt gegründet war und freiwillig an den vielen Annehmlichkeiten und Privilegien, die es mir bot, teilhatte, war ich verpflichtet, der Regierung nach Kräften zu helfen, wenn sie einen Krieg führte, es sei denn, ich verweigerte der Regierung jede Zusammenarbeit und verzichtete mit meiner ganzen Kraft auf die Privilegien, die sie mir anbot.

Lassen sich mich das an einem Beispiel verdeutlichen. Ich bin Mitglied einer Einrichtung, die einige Morgen Land besitzt und deren Ernte in Gefahr ist, von Affen vernichtet zu werden. Ich glaube an die Heiligkeit alles Lebens und betrachte es deshalb als einen Bruch von Ahimsa, den Affen irgend ein Leid anzutun. Und doch zögere ich nicht, einen Angriff auf die Affen zu veranlassen und zu leiten, um die Ernte zu retten. Ich würde dieses Übel gerne vermeiden. Ich kann es vermeiden, indem ich die Einrichtung verlasse oder sie auflöse. Ich tue das nicht, weil ich nicht damit rechne, eine Gesellschaft zu finden, wo es keinen Ackerbau und daher keine unvermeidliche Vernichtung von Leben gibt. In Furcht und Zittern, in Demut und Buße beteilige ich mich daher am Unrecht, das den Affen zugefügt wird in der Hoffnung, eines Tages einen Ausweg zu finden.

So beteiligte ich mich auch an drei Kriegshandlungen. Ich konnte und wollte meine Verbindung zu der Gesellschaft, der ich angehörte, nicht zertrennen. Ich hätte das als verrückt empfunden. Bei jenen drei Gelegenheiten hatte ich nicht im Traum daran gedacht, der britischen Regierung die Zusammenarbeit zu verweigern. Meine Haltung dieser Regierung gegenüber ist heute völlig anders und daher darf ich an ihrem Krieg nicht freiwillig teilnehmen. Ich muß vielmehr Einkerkerung und selbst den Galgen riskieren, wenn ich zu den Waffen gezwungen würde oder auf andere Weise an ihren militärischen Operationen teilnehmen müßte.

Gewaltfreiheit arbeitet auf eine höchst geheimnisvolle Weise. Oftmals widersetzen sich die Handlungen eines Menschen der Analyse in den Kategorien der Gewaltfreiheit; ebenso oft mögen seine Handlungen gewaltsam erscheinen, obgleich sie völlig gewaltfrei sind im wahrsten Sinne des Wortes und später auch so befunden werden. Alles, was ich für mein Verhalten beanspruchen kann, ist, daß es in den angeführten Fällen von dem Wunsch geleitet war, der Gewaltfreiheit zu dienen. Da war kein schmutziges nationales oder anderes Interesse im Spiel. Ich glaube nicht, daß es möglich ist, ein nationales oder irgendein Interesse auf Kosten eines anderen Interesses zu fördern.

Jung Indien, 13. 9. 1928

Was immer ich getan habe, habe ich nicht aus Eigennutz getan, so wie wir diesen Begriff verstehen. Ich nehme für mich in Anspruch, jede der von mir beschriebenen Handlungen in der Absicht unternommen zu haben, die Sache des Friedens zu fördern. Das bedeutet nicht, daß jene Handlungen die Sache des Friedens tatsächlich gefördert haben. Ich stelle lediglich fest, daß mein Motiv Frieden war.

Es ist jedoch möglich, daß ich damals schwach war und daß ich noch immer zu schwach bin, meinen Irrtum zu erkennen, gerade so, wie ein Blinder außerstande ist zu sehen, was seine Nächsten sehen. Ich beobachte täglich, wie anfällig wir für jede Art von Selbstbetrug sind.

Vorläufig bin ich mir einer Selbsttäuschung jedoch nicht bewußt. Ich spüre, daß ich den Frieden durch ein Medium betrachte, das meinen europäischen Freunden fremd ist. Ich wohne in einem Land, das zwangsweise entwaffnet und jahrhundertelang in Unterwerfung gehalten wurde. Daher betrachte ich den Frieden zwangsläufig anders als sie.

Um es an einem Beispiel zu illustrieren: Angenommen, Katzen und Mäuse wünschen aufrichtig den Frieden. Das bedeutet, die Katzen müssen dem Krieg gegen die Mäuse abschwören. Doch wie werden die Mäuse den Frieden fördern? Was haben sie abzuschwören? Ist ihr Votum überhaupt nötig? Weiterhin angenommen, einige Katzen halten sich nicht an das mit der Katzenversammlung vereinbarte Abkommen und fahren fort, Mäuse zu jagen, was werden die Mäuse tun? Es mag unter ihnen einige weise Häupter geben, die sagen: 'Wir werden uns den Katzen als williges Opfer anbieten, bis sie übersättigt sind und zum Jagen keine Lust mehr haben'. Sie tun gut daran, ihr Vorgehen zu propagieren. Wie aber sollen sie sich, obgleich sie den Frieden lieben, gegenüber den Mäusen verhalten, die, anstatt vor ihren Unterdrückern davonzurennen, sich entschließen, sich zu bewaffnen und dem Feind eine Schlacht zu liefern? Die Anstrengung mag vergeblich sein, aber die weisen Mäuse, die ich mir vorstelle, werden sich verpflichtet fühlen, die Mäuse in ihrem Bestreben, kühn und stark zu werden, zu unterstützen, obgleich sie ihre Einstellung zum Frieden beibehalten. Sie tun das nicht aus Opportunismus, sondern aufgrund lauterster Motive. Genau das ist meine Haltung.

Jung Indien, 7.2.1929

Es wäre mir lieb, wenn die europäischen Kriegsgegner einen wesentlichen Unterschied zwischen ihnen und mir anerkennten. Sie repräsentieren die ausgebeuteten Nationen nicht, ich hingegen repräsentiere das ausgebeutetste Volk der Erde. Um einen wenig schmeichelhaften Vergleich zu gebrauchen: Sie repräsentieren Katzen und ich repräsentiere die Maus. Hat eine Maus überhaupt einen Sinn für Gewaltfreiheit? Ist es ihr nicht ein grundlegendes Bedürfnis, danach zu streben, erfolgreich Gewalt anzuwenden, ehe sie gelehrt werden kann, den Wert, die Größe und die Überlegenheit des Gesetzes der Gewaltfreiheit – der Ahimsa – auf dem Gebiet des Krieges zu würdigen? Kann es für mich als einem Repräsentanten des Mäusestammes nicht notwendig sein, dem Verlangen meines Prinzipals, Tod und Zerstörung zu verbreiten, nachzugeben, sogar in der Absicht, ihn die Überlegenheit der Nichtzerstörung zu lehren?

Hier endet die Katz- und Mausanalogie. Ein menschliches Wesen, mag es auch noch so gefallen und verdorben sein, besitzt die Fähigkeit, sich zur höchsten Höhe zu erheben, die jemals von einem Menschen erreicht wurde, ungeachtet seiner Rasse oder Hautfarbe. Selbst wenn ich mit meinen Landsleuten ein großes Stück Weges gemeinsam gehe, um ihr Bedürfnis, sich auf den Krieg vorzubereiten, zu befriedigen, so tue ich es doch ausschließlich in der Hoffnung, sie vom Krieg abzubringen und ihnen die Augen zu öffnen für seine äußerste Vergeblichkeit. Auch möchte ich daran erinnern, daß das größte Experiment mit Gewaltfreiheit auf Massenbasis in der Geschichte in dem Augenblick unternommen wird, wo es scheint, als gäbe ich mich dafür her, den Krieg zu unterstützen. Das Experiment kann aus Mangel an Sachkunde scheitern. Doch sollte der Kriegsgegner in Europa sich die größte Mühe geben, das Phänomen zu verstehen und zu würdigen, das sich ihm in Indien in Gestalt eines Mannes zeigt, der das kühne Experiment der Gewaltfreiheit wagt, während er gleichzeitig freundschaftlich mit denen verkehrt, die sich auf den Krieg vorbereiten möchten.

Jung Indien, 9. 5. 1929

Tatsächlich besteht das Leben aus solchen Kompromissen. Ahimsa, gerade weil sie reinste, selbstlose Liebe ist, fordert oftmals solche Kompromisse. Die Verhältnisse erzwingen sie. Es sollte bei dem, was man tut, keinen Egoismus geben, keine Furcht, keine Unwahrheit und es sollte alles geschehen, um die Sache der Ahimsa zu fördern. Der Kompromiß muß einem selbstverständlich erscheinen, nicht von außen aufgezwungen.

Haridschan, 17. 10. 1936

Die Kollegen Kriegsgegner im Westen nehmen selbst in Friedenszeiten am Krieg teil, sofern sie nämlich für seine Vorbereitung zahlen und auf andere Weise die Regierung stützen, deren Hauptbeschäftigung darin besteht, Kriege vorzubereiten. Nochmals, alle Tätigkeit, die darauf ausgerichtet ist, den Krieg zu beenden, muß sich als fruchtlos erweisen, solange die Ursachen des Krieges nicht verstanden und beseitigt worden sind. Ist nicht die Hauptursache der modernen Kriege der unmenschliche Wettlauf in der Ausbeutung der sogenannten schwächeren Völker der Erde?

Jung Indien, 9. 5. 1929

Bloß den Militärdienst zu verweigern, genügt nicht. Sich weigern, zur gegebenen Zeit Militärdienst zu leisten, heißt etwas zu tun, nachdem praktisch die ganze Zeit vergeudet ist, in der das Übel hätte bekämpft werden können. Militärdienst ist nur ein Symptom für ein tiefer sitzendes Übel. Ich behaupte, daß jene, die nicht in der Militär-Stammrolle stehen, sich gleichermaßen am

Übel beteiligen, wenn sie den Staat auf andere Weise unterstützen. Wer einen auf militärische Art organisierten Staat – sei es direkt oder indirekt – unterstützt, beteiligt sich an der Sünde. Jedermann, alt oder jung, nimmt teil an der Sünde, wenn er zum Unterhalte des Staates die Steuern zahlt. Darum sagte ich mir während des Krieges, daß es, solange ich Brot aß, das von der Armee beschützt wurde, während ich alles außer dem Heeresdienst tat, für mich das beste sei, ins Heer einzutreten und auf mich schießen zu lassen; andernfalls müßte ich mich in die Berge zurückziehen und das essen, was mir die Natur lieferte. Daher können alle, die den Militärdienst abzuschaffen wünschen, dies tun, indem sie jede Zusammenarbeit ablehnen. Militärdienstverweigerung ist weit oberflächlicher als die Nichtzusammenarbeit mit dem ganzen System, das den Staat trägt. Aber dann wird die Opposition so rasch wirksam, daß man nicht nur das Risiko läuft, ins Gefängnis gesteckt, sondern auch das, auf die Straße geworfen zu werden.

Jung Indien, 31.12.1931

Obgleich alle Gewalt schlecht ist und an und für sich verurteilt werden muß, ist es dem, der an Ahimsa glaubt, doch erlaubt, ja es ist sogar seine Pflicht, zwischen Angreifer und Verteidiger zu unterscheiden. Hat er das getan, wird er dem Verteidiger in einer gewaltfreien Weise zur Seite stehen, und das heißt, sein Leben einsetzen, um ihn zu schützen. Wahrscheinlich hilft sein Einschreiten, das Duell rascher zu beenden und es kann sogar einen Friedensschluß zwischen den Kämpfenden zustande bringen.

Haridschan, 21.10.1939

Wenn der Krieg selbst falsch ist, wie kann er es wert sein, moralisch unterstützt oder gar gesegnet zu werden? Ich glaube, daß jeder Krieg von Grund auf falsch ist. Aber wenn wir die Motive zweier kriegsführender Parteien gründlich untersuchen, so finden wir manchmal, daß die eine im Recht und die andere im Unrecht ist. Wenn zum Beispiel A das Land von B erobern möchte, ist B offensichtlich derjenige, dem Unrecht geschieht. Beide kämpfen mit Waffen. Ich glaube nicht an den bewaffneten Kampf, doch ungeachtet dessen verdient B, dessen Sache gerecht ist, meine moralische Hilfe und meine Segenswünsche.

Haridschan, 18.8.1940

Ein Kritiker könnte einwenden, daß ich in diesem Fall den Alliierten helfe und mich auf diese Weise an der Gewalt beteilige. Der Einwand klingt vernünftig, sieht man von der Tatsache ab, daß die Hilfe, die England vom Kongreß erhielte, rein moralischer Natur wäre. Der Kongreß würde weder Menschen noch Geld beisteuern. Der moralische Einfluß würde zugunsten des Friedens geltend gemacht. Ich habe in diesen Spalten bereits deutlich gemacht, daß meine Gewaltfreiheit verschiedene Arten von Gewalt unterscheidet – zur Verteidigung und zum Angriff. Es stimmt zwar, daß auf die Länge der Unterschied sich verwischt, aber das anfängliche Wertmaß bleibt bestehen. Ein Anhänger der Gewaltfreiheit muß, wenn die Gelegenheit es so ergibt, sagen können, welche Seite recht hat. So wünschte ich den Abessiniern, den Spaniern, den Tschechen, den Chinesen und den Polen Erfolg, obwohl ich in jedem Fall den Wunsch hatte, sie möchten gewaltfreien Widerstand leisten. Wenn schon der Kongreß im vorliegenden Fall die Sache Englands aufgrund des noblen Motivs, zu dem Herr Chamberlain sich bekannte, für gerechtfertigt halten kann, so würde ein für frei erklärtes Indien sein ganzes moralisches Gewicht auf der Seite des Friedens in die Waagschale werfen. Meiner Meinung nach ist die Rolle, die ich dabei spiele, streng gewaltfrei.

Haridschan, 9.12.1939

20 Gewaltfreiheit zwischen den Nationen

Prüfen wir diese Haltung unter dem Gesichtspunkt der Gewaltfreiheit, so muß ich sagen, es ziemt sich für eine so kultivierte Nation wie China, eine Nation von 400 Millionen, nicht, den Angriff Japans mit dessen eigenen Methoden zurückzuschlagen. Besäßen die Chinesen Gewaltfreiheit, wie ich sie verstehe, so wäre die neueste Zerstörungsmaschinerie, die Japan besitzt, völlig nutzlos. Die Chinesen würden Japan sagen: "Bringt Eure ganze Maschinerie, wir opfern Euch die Hälfte unserer Bevölkerung. Doch die übrigen 200 Millionen werden das Knie vor Euch nicht beugen." Würden die Chinesen das tun, so würde Japan zum Diener Chinas werden.

Haridschan, 24.12.1938

In Euren[23] Herzen wird sich Liebe für die Japaner entwickeln. Ihr werdet Euch selbst prüfen, ob Ihr sie wirklich lieben könnt, ob Ihr nicht so etwas wie Feindschaft gegen sie empfindet für all das Unrecht, das sie tun. Es genügt nicht, sie zu lieben, indem man sich an ihre Tugenden erinnert. Ihr müßt sie trotz ihrer Missetaten lieben. Habt Ihr diese Liebe für die Japaner in Eurem Herzen, so werdet Ihr dazu übergehen, in Eurem Verhalten jene höhere Form des Mutes zu zeigen, die das Kennzeichen echter Gewaltfeiheit ist und die Eure chinesischen Freunde nicht umhin können, zu erkennen und anzuerkennen. Ihr werdet den japanischen Waffen keinen Erfolg wünschen, weil Ihr die Japaner "liebt". Zugleich werdet Ihr nicht für den Erfolg der chinesischen Waffen beten. Wenn beide Seiten Waffengewalt anwenden, ist es sehr schwer zu beurteilen,

---

[23] Gandhi spricht zu chinesischen Besuchern.

welche Seite den Erfolg verdient. Ihr werdet deshalb allein dafür beten, daß die richtige Seite sich durchsetzen möge. Obwohl Ihr Euch aller Gewalt enthaltet, drückt Ihr Euch doch nicht vor der Gefahr. Ihr werdet vielmehr Freund und Feind gleichermaßen dienen, ohne Rücksicht auf die Gefahr für Euer eigenes Leben. Ihr werdet die ersten sein, wenn es gilt, eine Epidemie oder ein Feuer zu bekämpfen, und Ihr werdet Euch durch überragenden Mut und gewaltfreies Heldentum auszeichnen. Aber Ihr werdet Euch weigern, den Fluch des Himmels auf die Japaner herabzuflehen. Fallen durch Zufall einige japanische Soldaten oder Flieger in die Hände von Chinesen, und sind sie in Gefahr, durch den aufgebrachten Mob gelyncht oder auf andere Weise mißhandelt zu werden, so tretet Ihr bei Euren Landsleuten für sie ein und schützt sie, wenn nötig, unter Einsatz Eures Lebens.

Euer Beispiel wird die Chinesen rühren und möglicherweise sogar einige Japaner beschämen, die dann Eure Botschaft unter den Japanern verbreiten.

"Ein sehr langsamer Prozeß", werden Sie vielleicht sagen. Ja, schon möglich, zumal unter den zunächst gegebenen widrigen Umständen. Er wird aber in dem Maße, wie Ihr darin fortschreitet, an Schwung und Geschwindigkeit zunehmen. Ich bin ein unbeirrbarer Optimist. Mein Optimismus beruht auf dem Glauben an die unbegrenzten Möglichkeiten des Einzelnen, Gewaltfreiheit in sich zu entwickeln. Je mehr Ihr sie bei Euch selbst entwickelt, desto ansteckender wird sie, bis sie Eure Umgebung ergreift und nach und nach die ganze Welt überflutet.

Haridschan, 28. 1. 1939

Frage: Wie kann ein abgerüstetes neutrales Land (wie die Schweiz) es zulassen, daß andere Völker vernichtet werden? Ohne unsere Armee, die während des letzten Krieges an der Grenze bereitstand, wären wir verloren gewesen.

Antwort: Selbst auf die Gefahr hin, als Visionär oder Narr betrachtet zu werden, kann ich diese Frage nur auf die mir einzig mögliche Weise beantworten. Ein neutrales Land, das es einer Armee erlaubte, ein Nachbarland zu verwüsten, würde feige handeln. Es gibt jedoch zwei Dinge, die Soldaten des Krieges und Soldaten der Gewaltfreiheit gemeinsam haben. Wäre ich Schweizer Bürger und Präsident des Bundesstaates gewesen, so hätte ich der eindringenden Armee erstens den Durchzug versagt, indem ich ihr jede Versorgung verweigert hätte. Zweitens hättet Ihr die Schlacht bei den Thermopylen[24] in der Schweiz wiederholen können, indem ihr eine lebende Mauer aus Männern, Frauen und

---

[24] In der Schlacht bei den Thermopylen (480 v. Chr.) wurde das griechische Heer unter König Leonidas von den Persern vernichtend geschlagen.

Kindern gebildet und die Eindringlinge aufgefordert hättet, über ihre Leichen hinwegzuschreiten. Sie mögen einwenden, so etwas übersteige menschliche Kraft und Standhaftigkeit. Ich sage, das ist nicht wahr. Es ist durchaus möglich. Letztes Jahr haben in Gudscherat Frauen Lathi-Angriffen[25] entschlossen standgehalten und in Peschawar standen Tausende im Kugelhagel, ohne zur Gewalt zu greifen. Stellen sie sich diese Männer und Frauen vor, die vor einer Armee, die einen sicheren Durchgang in ein anderes Land fordert, nicht zurückweichen. Die Armee wird brutal genug sein, über sie hinwegzuschreiten, werden Sie vielleicht sagen. Ich würde daraufhin entgegnen, sie haben, indem sie ihre Vernichtung zuließen, ihre Pflicht erfüllt. Eine Armee, die es wagt, über die Leichen unschuldiger Männer und Frauen hinwegzuschreiten, wäre nicht imstande, dieses Experiment zu wiederholen. Sie können sich, wenn Sie wollen, weigern, an einen solchen Mut bei der Masse der Männer und Frauen zu glauben, doch dann werden Sie zugeben müssen, daß Gewaltfreiheit aus härtestem Stoff gemacht ist. Sie wurde nie als Waffe der Schwachen verstanden, sondern als Waffe der tapfersten Seelen.

Jung Indien, 31.12.1931

1. Was hätte das schlecht bewaffnete Abessinien (Äthiopien) gegen das gut bewaffnete Italien ausrichten können, wäre es gewaltfrei gewesen?

2. Was könnte England, das größte und mächtigste Mitglied des Völkerbundes, gegen ein entschlossenes Italien ausrichten, wäre es in Ihrem Sinne gewaltfrei?

Ehe ich diese Fragen beantworte, möchte ich fünf einfache Axiome der Gewaltfreiheit, wie ich sie verstehe, aufstellen:

a) Gewaltfreiheit schließt eine so völlige Selbstläuterung ein wie nur menschenmöglich.

b) Mann für Mann steht die Stärke der Gewaltfreiheit in genauem Verhältnis zu der Fähigkeit – nicht dem Willen – der gewaltfreien Person, Gewalt anzuwenden.

c) Gewaltfreiheit ist ausnahmslos der Gewalt überlegen. Das heißt, die einem Gewaltfreien zu Gebote stehende Macht ist stets größer als jene, die er besäße, wenn er Gewalt anwendet.

d) Bei der Gewaltfreiheit gibt es nicht so etwas wie Niederlage. Das Ende der Gewalt ist ganz gewiß die Niederlage.

---

[25] Angriffe der Polizei mit eisenbeschlagenen Holzknüppeln.

e) Das Endergebnis der Gewaltfreiheit ist mit Sicherheit der Sieg – wenn sich ein solcher Begriff bei Gewaltfreiheit überhaupt anwenden läßt. In Wirklichkeit gibt es da, wo es den Begriff der Niederlage nicht gibt, auch nicht den Begriff des Sieges.

Die vorausgehenden Fragen können im Lichte dieser Axiome beantwortet werden:

1. Wäre Abessinien gewaltfrei, hätte es keine Waffen und würde auch keine haben wollen. Es würde auch nicht an den Völkerbund oder an irgendeine andere Macht appellieren, mit Waffen einzuschreiten. Es würde niemals auch nur den geringsten Grund zur Klage geben. Und Italien würde nichts zu erobern finden, da die Abessinier weder bewaffneten Widerstand noch freiwillige oder erzwungene Zusammenarbeit leisten. In diesem Fall würde Italien das Land erobern, aber nicht das Volk. Doch das ist gerade nicht das von Italien verfolgte Ziel. Es ist darauf aus, das Volk dieses wunderbaren Landes zu unterwerfen.

2. Sollten die Engländer als Nation wahrhaft gewaltfrei werden, so würden sie sich vom Imperialismus lossagen und den Waffengebrauch aufgeben. Diese moralische Kraft, die England durch einen solchen Verzicht zuwüchse, würde Italien dermaßen verblüffen, daß es seine Pläne freiwillig aufgäbe. England wäre dann eine lebende Verkörperung der Axiome, die ich aufgestellt habe. Die Wirkung, die eine solche Bekehrung hervorriefe, würde das größte Wunder aller Zeiten bedeuten. Und doch, wenn Gewaltfreiheit kein leerer Traum ist, wird so etwas eines Tages irgendwo Wirklichkeit werden müssen. In diesem Glauben lebe ich.

Haridschan, 12.10.1935

Was soll man mit "Gangster"-Nationen, sofern ich diesen häufig benutzten Begriff gebrauchen darf, machen? In Amerika hat es ein individuelles Gangstertum gegeben. Es wurde durch starke lokale und nationale Polizeimaßnahmen zerschlagen. Können wir nicht etwas Ähnliches im Hinblick auf das Gangstertum zwischen den Nationen unternehmen, beispielsweise gegen den schändlichen Einsatz des Opiumgiftes in der Mandschurei, im Fall Abessiniens und Spaniens, beim Anschluß Österreichs und schließlich im Fall der Tschechoslowakei?

Wenn die besten Köpfe der Welt den Geist der Gewaltfreiheit nicht in sich aufgenommen haben, bleibt ihnen nichts anderes übrig, als dem Gangstertum in der herkömmlichen Weise zu begegnen. Doch das würde nur zeigen, daß wir uns noch kaum über das Gesetz des Dschungels erhoben haben, daß wir es

noch nicht gelernt haben, das Erbe, das Gott uns gegeben hat, zu würdigen, daß wir schließlich trotz der christlichen Lehre, die 1900 Jahre alt ist, sowie des Hinduismus und des Buddhismus, die älter sind, und selbst des Islam (sofern ich ihn richtig verstanden habe) als Menschen noch keine großen Fortschritte gemacht haben. Während ich jedoch Verständnis habe, wenn diejenigen, die den Geist der Gewaltfreiheit nicht in sich tragen, Gewalt anwenden, erwarte ich von denen, die wissen, was Gewaltfreiheit ist, daß sie ihr ganzes Gewicht in die Waagschale werfen, um zu zeigen, daß sogar dem Gangstertum mit Gewaltfreiheit begegnet werden muß. Denn letztlich führt uns die Gewalt, wie gerechtfertigt ihre Anwendung auch sein mag, in den gleichen Morast, wie die Gewalt eines Hitler und Mussolini. Es gibt da nur einen graduellen Unterschied. Du und ich, die wir an die Gewaltfreiheit glauben, müssen sie im kritischen Moment anwenden. Wir sollten nicht daran verzweifeln, sogar das Herz von Gangstern zu rühren, selbst wenn es im Augenblick so scheinen mag, als würden wir mit unseren Köpfen gegen eine gefühllose Mauer anrennen.
Haridschan, 10.12.1938

Ein Tröster meint: "Hitler kennt kein Erbarmen. Ihre geistige Bemühung wird bei ihm nichts ausrichten."

Meine Antwort lautet: "Sie mögen recht haben. Die Geschichtsschreibung kennt kein Volk, das sich gewaltfreien Widerstand zu eigen gemacht hat. Es macht nichts, wenn mein Leiden einen Hitler nicht beeindruckt, denn ich verliere damit nichts Wertvolles. Meine Ehre ist das einzige, was wert ist, erhalten zu werden. Das ist unabhängig von Hitlers Erbarmen. Als ein gläubiger Anhänger der Gewaltfreiheit sollte ich ihre Möglichkeiten jedoch nicht einschränken. Bis jetzt haben er und seinesgleichen auf ihre beständige Erfahrung gebaut, daß die Menschen der Gewalt nachgeben. Unbewaffnete Männer, Frauen und Kinder, die gewaltfreien Widerstand ohne Bitterkeit leisten, wären eine neue Erfahrung für sie. Wer kann es wagen, zu behaupten, ihre Natur ließe es nicht zu, auf höhere und feinere Kräfte zu reagieren? Sie haben die gleiche Seele wie ich."
Haridschan, 15.10.1938

Was kann Gewaltfreiheit gegen Luftangriffe, bei denen es keinen persönlichen Kontakt gibt, ausrichten? Die Antwort lautet, hinter der todbringenden Bombe gibt es eine menschliche Hand, die sie auslöst, und dahinter gibt es noch ein menschliches Herz, das die Hand in Bewegung setzt. Hinter der Politik des Terrors steht die Annahme, daß Terror, in ausreichendem Maße angewandt, das gewünschte Ergebnis zeitigen werde, nämlich den Gegner unter den Willen des Tyrannen zu beugen. Doch angenommen, ein Volk entschlösse sich, weder dem Willen eines Tyrannen zu gehorchen, noch mit den Methoden des Tyrannen Vergeltung zu üben, so würde der Tyrann es nicht für der Mühe Wert erachten, mit seinem Terror fortzufahren. Würde dem Tyrannen genügend Nahrung gegeben, so kommt die Zeit, wo er mehr als genug davon hat.

Ich habe die Lektion der Gewaltfreiheit von meiner Frau gelernt, als ich ihr meinen Willen aufzuzwingen versuchte. Ihr entschlossener Widerstand gegen meinen Willen einerseits, und ihre stille Unterwerfung unter das Leiden, das meine Dummheit ihr auferlegte, andererseits, bewirkte, daß ich mich über mich selbst schämte, und heilte mich von meiner Dummheit, zu denken, ich sei geboren, über sie zu herrschen, und schließlich wurde sie meine Lehrerin in Gewaltfreiheit. Was ich in Südafrika tat, war lediglich eine Ausweitung der Satjagraha-Regel, die sie in eigener Person unbewußt praktiziert hatte.

Einer der Besucher entgegnete jedoch: "Sie kennen Hitler und Mussolini nicht. Sie sind einer moralischen Regung nicht fähig. Sie haben kein Gewissen und sie sind unempfindlich gegenüber der Weltmeinung. Würde es nicht bedeuten, diesen Diktatoren in die Hände zu spielen, wenn beispielsweise die Tschechen, ihrem Rat folgend, ihnen mit Gewaltfreiheit begegneten? Gilt das Gesetz der moralischen Bekehrung auch dann, wenn wir erkennen, daß Diktaturen ihrer Definition nach unmoralisch sind?"

"Ihr Argument", erwiderte Gandhi, "setzt voraus, daß Diktatoren wie Hitler oder Mussolini rettungslos verloren sind. Doch der Glaube an die Gewaltfreiheit gründet sich auf die Annahme, daß die menschliche Natur im Kern dieselbe ist und deshalb auf liebevolles Entgegenkommen unfehlbar antworten wird. Wir dürfen nicht vergessen, daß sie bis heute aufgrund der von ihnen angewandten Gewalt stets willigen Gehorsam gefunden haben. In ihrem Erfahrungsbereich sind sie dem organisierten gewaltfreien Widerstand überhaupt nicht oder nicht in nennenswertem Maß begegnet. Daher ist es nicht nur höchstwahrscheinlich, sondern meines Erachtens geradezu unvermeidlich, daß sie die Überlegenheit des gewaltfreien Widerstands über jede Gewaltdemonstration, die sie zu veranstalten fähig sind, erkennen. Überdies hängt der Erfolg der gewaltfreien Technik, die ich den Tschechen vorgeschlagen habe, nicht vom guten Willen der Diktatoren ab, denn ein gewaltfreier Widerstandskämpfer hängt von der unversiegbaren Unterstützung Gottes ab, der ihm selbst in Schwierigkeiten hilft, die anders als unüberwindlich gelten müßten. Sein Glaube macht ihn unbezwingbar."

Jener Besucher entgegnete, diese Diktatoren seien weise genug, von Gewaltanwendung abzusehen. Sie nähmen sich einfach, was sie wollten. Was kann gewaltfreier Widerstand unter solchen Umständen ausrichten?

"Angenommen", erwiderte Gandhi, "sie kommen und besetzen Bergwerke, Fabriken und alle natürlichen Reichtümer der Tschechen, so könnte folgendes geschehen:

1. Die Tschechen könnten wegen ihrer Weigerung, Befehle auszuführen, vernichtet werden. Das wäre ein ruhmvoller Sieg für die Tschechen und der Anfang vom Ende Deutschlands.

2. Die Tschechen könnten demoralisiert werden angesichts der überwältigenden Übermacht. Das kommt bei Kämpfen immer wieder vor. Aber wenn Demoralisierung um sich greift, dann nicht aufgrund der Gewaltfreiheit, sondern aufgrund fehlender oder nicht ausreichender Gewaltfreiheit.

3. Deutschland könnte seine neuen Besitzungen mit seiner Überschußbevölkerung besetzen. Dies wiederum kann durch gewaltsamen Widerstand nicht verhindert werden, denn wir haben unterstellt, daß gewaltsamer Widerstand (infolge der militärischen Unterlegenheit der Tschechen) nicht in Frage kommt. So ist gewaltfreier Widerstand unter allen denkbaren Umständen die beste Methode.

Haridschan, 24.12.1938

Auch Herr[26] Hitler ist nur ein Mensch, der nicht mehr als die durchschnittliche Lebensspanne genießen kann. Er wäre machtlos, hätte er nicht die Unterstützung seines Volkes. Ich gebe die Hoffnung nicht auf, daß menschliches Leid ihn rührt, selbst wenn es von ihm verursacht wurde. Ich weigere mich jedoch zu glauben, daß die Deutschen als Volk kein oder merklich weniger Herz haben als andere Völker der Erde. Sie werden eines Tages gegen ihren angebeteten Helden rebellieren, wenn er nicht beizeiten aufwacht.

Eine bewaffnete Auseinandersetzung könnte für die deutschen Waffen eine Katastrophe bedeuten, sie kann das deutsche Herz jedoch nicht wandeln, so wenig wie die letzte Niederlage. Sie brachte einen Hitler hervor, der sich verschwor, an den Siegern Rache zu nehmen. Und was das für eine Rache ist! Meine Antwort muß daher dieselbe sein, die Stephenson seinen Mitarbeitern gab, die daran verzweifelten, jemals den tiefen Sumpf aufzufüllen, an dem die erste Eisenbahn zu scheitern drohte. Er verlangte von seinen kleingläubigen Mitarbeitern mehr Glauben und den Entschluß, weiterzumachen. Der Sumpf sei nicht bodenlos. Es sei möglich, ihn aufzufüllen. Ebenso verzweifle ich nicht, weil das Herz von Herrn Hitler oder den Deutschen bis jetzt noch nicht

---

[26] Auch im englischen Original deutsch.

geschmolzen ist. Im Gegenteil, ich plädiere für mehr Leiden und noch mehr Leiden, bis das Schmelzen mit bloßem Auge zu sehen ist.

Haridschan, 7.1.1939

"Kann man sich mit den Engländern leichter auseinandersetzen als mit anderen Völkern?"

"Unter dem Aspekt der Gewaltfreiheit betrachtet, so leicht oder schwer wie mit anderen. Doch da ich mit keinem anderen Volk zu tun hatte, kann ich das nicht aus praktischer Erfahrung beurteilen. Alle Eroberer Indiens haben auf das, was an der indischen Kultur und am indischen Charakter edel ist, reagiert, die Moslems eingeschlossen. Ich glaube, die Deutschen hätten es auch getan. Es kann sogar sein, daß die Reaktion der Engländer aufgrund ihrer Insellage und ihres Vorurteils gegenüber anderen Hautfarben geringer war, als sie bei anderen Völkern gewesen wäre."

Haridschan, 13.4.1940

1. Gewaltfreier Widerstand kann nur erfolgreich sein, wenn er sich gegen Menschen richtet, die sich von moralischen und humanitären Überlegungen leiten lassen. Der Faschismus läßt sich nicht nur nicht von ihnen leiten, sondern verhöhnt sie oft als Zeichen der Schwäche. Er hat keine Skrupel, jeden Widerstand auszutilgen und schreckt dabei vor keiner Brutalität zurück. Gewaltfreier Widerstand hat daher gegen den Faschismus nicht die geringste Chance. Daher ist gewaltfreier Widerstand unter den gegenwärtigen Bedingungen hoffnungslos unbrauchbar.

2. Wer sich weigert, beim gewaltsamen Widerstand zur Verteidigung der demokratischen Freiheit mitzuarbeiten, das heißt, den Kriegsdienst verweigert, hilft denen, die jene Freiheit zerstören. Die faschistische Aggression wurde zweifellos dadurch ermutigt, daß bekannt war, in den Demokratien gibt es eine Anzahl von Menschen, die nicht bereit sind, zu ihrer Verteidigung zu kämpfen, die sich sogar im Fall des Krieges oder der Einberufung ihren eigenen Regierungen widersetzen und sie auf diese Weise schwächen. Da das so ist, taugt das Handeln desjenigen, der die Gewalt als Mittel der Verteidigung aus Gewissensgründen ablehnt, nicht nur nicht, den Frieden zu erhalten, es hilft sogar denen, die ihn brechen.

3. Der Krieg zerstört möglicherweise die Freiheit, wenn aber die Demokratien überleben, so bleibt zumindest die Chance, sie teilweise zurückzugewinnen. Wenn dagegen den Faschisten erlaubt wird, die Welt zu

regieren, gibt es dafür überhaupt keine Chance mehr. Verweigerer aus Gewissensgründen helfen dem Gegner, indem sie die demokratischen Kräfte schwächen und vereiteln auf diese Weise ihre eigene Zielsetzung.

Das erste Argument trifft, wenn es denn stichhaltig ist, die Wurzel der Antikriegsbewegung, die auf der Annahme beruht, es sei möglich, Faschisten und Nazis zu bekehren. Sie gehören zur gleichen Spezies wie die sogenannten Demokraten, oder, besser noch, wie die Kriegsgegner selbst. Sie zeigen im Familienkreis die gleiche Zärtlichkeit, Zuneigung, Rücksichtnahme und Großzügigkeit, die Kriegsgegner hoffentlich auch außerhalb eines solchen Kreises beweisen. Der Unterschied ist nur graduell. Tatsächlich sind die Faschisten und Nazis nur eine verbesserte Auflage der sogenannten Demokraten, wenn nicht gar eine Antwort auf deren Missetaten. Kirby Page hat in seiner Broschüre über die Opfer des letzten Krieges gezeigt, daß beide kämpfenden Parteien sich der Lüge, der Übertreibungen und der Unmenschlichkeiten schuldig gemacht haben. Der Versailler Vertrag war ein Vertrag der Rache der Sieger an Deutschland. Die sogenannten Demokraten haben sich die Länder anderer Völker schon früher widerrechtlich angeeignet und dabei zu erbarmungsloser Unterdrückung gegriffen. Kein Wunder, wenn die Herren Hitler & Co. die unwissenschaftliche Gewalt, die ihre Vorgänger gegenüber den sogenannten rückständigen Rassen entwickelt hatten, um sie zu ihrem materiellen Vorteil auszubeuten, zu einer Wissenschaft ausbauen. Es ist daher eine Frage der Dreisatzrechnung, den genauen Betrag an Gewaltfreiheit auszurechnen, der nötig ist, die härteren Herzen von Faschisten und Nazis zu schmelzen, sofern wir unterstellen, daß die Herzen der sogenannten Demokraten bei einer gegebenen Menge von Gewaltfreiheit schmelzen. Darum müssen wir das erste Argument, das tödlich wäre, könnte nachgewiesen werden, daß es irgendeinen Wahrheitsgehalt aufweist, unberücksichtigt lassen.

Die anderen beiden Argumente sind praktischer Natur. Die Pazifisten sollten nichts tun, was ihre eigenen Regierungen schwächt und so ihre Niederlage herbeiführt. Doch sollten sie aus Angst davor nicht darauf verzichten, ihren unerschütterlichen Glauben an die Vergeblichkeit eines jeden Krieges zu demonstrieren. Wenn ihre Regierungen verrückt werden und aus Kriegsgegnern Märtyrer machen, so müssen sie (die Regierungen) die Folgen der von ihnen selbst geschaffenen Unruhe tragen. Demokratien müssen die Freiheit des individuellen gewaltfreien Gewissens respektieren, mag das auch unbequem sein. Dieser Respekt ist es, auf den sich die Hoffnung der Welt gründet. Das bedeutet, daß sie das Gewissen und die Wahrheit höher stellen als das sogenannte Interesse ihres Landes. Denn die Rücksicht auf das Gewissen, sofern es sich wirklich darum handelt, hat noch nie irgendeiner legitimen Sache oder einem legitimen Interesse geschadet. Daraus ergibt sich, daß ein Pazifist Widerstand leisten muß, wenn er wirklich fühlt, daß, egal ob die sogenannten Demokratien leben oder sterben, das Tauziehen (der kriegführenden Parteien) den Krieg niemals beenden wird, sondern nur eine Gruppe von Pazifisten, die im entscheidenden Augenblick ihren lebendigen Glauben dadurch bezeugt, daß sie, wenn nötig, auch die härteste Strafe erduldet. Ein wahrer Pazifist ist ein wahrer Satjagrahi. Letzterer handelt aus dem Glauben und sorgt sich daher nicht um das Ergebnis, denn er weiß den Erfolg gesichert, wenn die Handlung wahrhaftig ist.

Schließlich, was nützt es, wenn die sogenannten Demokratien gewinnen? Der Krieg wird sicherlich nicht aufhören. Die Demokratien werden alle Taktiken der Faschisten und Nazis übernommen haben, einschließlich der Wehrpflicht und aller übrigen Zwangsmethoden, um Gehorsam zu erzwingen. Das einzige, was durch den Sieg erreicht werden mag, ist ein relativer Schutz der individuellen Freiheit. Doch dieser Schutz hängt nicht von äußerer Hilfe ab. Er entspringt aus der inneren Entschlossenheit, sie gegen die ganze Welt zu verteidigen. Mit anderen Worten, ein wahrer Demokrat ist, wer mit rein gewaltfreien Mitteln seine Freiheit und damit die seines Landes und letztlich die der ganzen Menschheit verteidigt.

Haridschan, 15. 4. 1939

Dieser Krieg zeigt die Vergeblichkeit der Gewalt. Angenommen, Hitler siegt über die Alliierten, so wird er doch England und Frankreich niemals unterjochen. Folglich bedeutet das einen weiteren Krieg. Angenommen, die Alliierten siegen, so wird die Welt auch nicht besser fahren. Sie werden höflicher sein, doch nicht weniger skrupellos, es sei denn, sie hätten während des Krieges die Lektion der Gewaltfreiheit gelernt und die Vorteile aufgegeben, die sie durch Gewalt erlangt haben. Umfassende Gerechtigkeit in jedem Lebensbereich ist die erste Bedingung der Gewaltfreiheit. Vielleicht heißt das, zuviel von der menschlichen Natur erwarten. Ich denke jedoch nicht so. Niemand sollte irgendwelche Behauptungen darüber aufstellen, wie weit die menschliche Natur zur Erniedrigung oder zur Erhöhung fähig ist.

Haridschan, 4. 5. 1940

Unabhängig davon, als was sich Hitler letztlich erweist, wissen wir jetzt, was Hitlerismus zu bedeuten hat. Er bedeutet nackte, unbarmherzige Gewalt, in ein exaktes wissenschaftliches System gebracht und mit wissenschaftlicher Präzision angewandt. In ihren Auswirkungen ist sie nahezu unwiderstehlich.

In der Frühzeit des Satjagraha-Kampfes, als er noch unter dem Namen passiver Widerstand bekannt war, veröffentlichte die Johannesburger Zeitung

"Der Stern", angeregt durch den Anblick einer Handvoll Inder, die sich, völlig unbewaffnet und außerstande, organisierte Gewalt anzuwenden, selbst wenn sie es gewollt hätten, einer waffenstarrenden Regierung entgegenstellten, eine Karikatur, in der die Regierung als Dampfwalze, unwiderstehliche Kraft symbolisierend, dargestellt war, der passive Widerstand dagegen als ein gelassen und bequem auf seinem Sitz thronender Elefant. Er stand für unerschütterliche Kraft. Der Karikaturist zeigte eine tiefe Einsicht in das Duell zwischen den beiden unwiderstehlichen und unnachgiebigen Kräften. Damals bestand eine Pattsituation. Was folgte, ist bekannt. Der Kraft, die damals als unwiderstehlich dargestellt worden war und die auch unwiderstehlich schien, wurde durch die unnachgiebige Kraft des Satjagraha – wir nennen es Leiden ohne Vergeltung – erfolgreich widerstanden.

Was sich damals ereignete, kann sich auch heute ereignen. Der Hitlerismus wird niemals durch Anti-Hitlerismus besiegt werden. Er wird nur größeren Hitlerismus, multipliziert mit dem Faktor n, ausbrüten. Was sich vor unseren Augen vollzieht, ist nichts anderes, als eine Demonstration der Vergeblichkeit der Gewalt und folglich auch des Hitlerismus.

Was wird Hitler mit seinem Sieg machen? Als Mensch wird er ebenso mit leeren Händen dastehen wie sein noch nicht allzu ferner Vorgänger Alexander. Den Deutschen wird er nicht das Vergnügen hinterlassen, ein mächtiges Reich zu besitzen, sondern die Last, sein erdrückendes Gewicht zu tragen. Denn sie werden nicht in der Lage sein, all die eroberten Nationen in ständiger Unterwerfung zu halten. Ich bezweifle außerdem, ob die künftigen Generationen der Deutschen über die Taten, für die der Hitlerismus verantwortlich gemacht wird, uneingeschränkten Stolz empfinden. Sie werden Herrn Hitler als ein Genie ehren, als einen tapferen Mann, als unvergleichlichen Organisator und vieles mehr. Ich möchte jedoch hoffen, daß die zukünftigen Deutschen die Kunst gelernt haben, selbst zwischen ihren Helden zu unterscheiden. Ich meine jedenfalls, es sollte anerkannt werden, daß all das Blut, das Hitler vergossen hat, nicht den millionsten Teil eines Zentimeters zur moralischen Größe der Welt beigetragen hat.

Stellen sie sich im Gegensatz dazu den heutigen Zustand Europas vor, wenn all die Tschechen, die Polen, die Norweger, die Franzosen und die Engländer zu Hitler gesagt hätten: "Sie brauchen Ihre wissenschaftliche Zerstörungsvorbereitungen nicht zu treffen. Wir werden Ihrer Gewalt mit Gewaltfreiheit begegnen. Sie können daher unsere gewaltfreie Armee ohne Tanks, Kriegsschiffe und Flugzeuge vernichten." Man mag einwenden, daß der einzige Unterschied darin bestünde, daß Hitler ohne Kampf bekäme, was er nach einem blutigen

Kampf gewonnen hat. Richtig! Die Geschichte Europas hätte dann anders geschrieben werden müssen. Die Inbesitznahme wäre dann möglicherweise (aber eben nur möglicherweise) gegen einen gewaltfreien Widerstand erfolgt, so wie sie nun erfolgte, nachdem unsägliche Barbareien verübt worden sind. Bei der Gewaltfreiheit wären nur die getötet worden, die sich selbst dazu ausgebildet hätten, notfalls zu sterben, doch ohne jemanden zu töten und ohne Groll gegen jemanden zu empfinden. Ich wage es zu behaupten, daß in diesem Fall Europa mehrere Zentimeter zu seiner moralischen Größe hinzugefügt hätte. Und am Ende wird, das hoffe ich, der moralische Wert zählen. Alles andere ist wertlos.

Haridschan, 22. 6. 1940

Ich appelliere an jeden Engländer, wo immer er sich zur Zeit aufhalten mag, die Methode der Gewaltfreiheit an die Stelle der Methode des Krieges zu setzen, um die Beziehung zwischen den Nationen und andere Angelegenheiten zu regeln. Eure Staatsmänner haben erklärt, dies sei ein Krieg im Namen der Demokratie. Zu seiner Rechtfertigung werden noch viele weitere Gründe vorgebracht. Ihr kennt sie alle auswendig. Ich behaupte, es wird am Ende dieses Krieges, wie immer er auch enden mag, keine Demokratie mehr übrig sein, um die Demokratie zu verteidigen. Dieser Krieg ist über die Menschheit als ein Fluch und eine Warnung hereingebrochen. Er ist ein Fluch insofern, als er den Menschen in einem bisher unbekannten Grade brutalisiert hat. Alle Unterscheidungen zwischen Kämpfern und Nichtkämpfern sind abgeschafft. Niemand und nichts wird geschont. Das Lügen gilt als Kunst. England hatte die Pflicht, die kleinen Nationen zu verteidigen. Eine nach der anderen ist verschwunden, zumindest vorläufig. Er ist ferner eine Warnung. Er ist eine Warnung, daß, wenn niemand die Schrift an der Wand liest, der Mensch in den Zustand der Bestie, die er durch sein Benehmen mit Scham erfüllt, zurückfällt. Ich las die Schrift an der Wand, als die Feindseligkeiten ausbrachen. Aber ich hatte nicht den Mut, die Botschaft zu verkünden. Gott hat mir den Mut gegeben, sie zu verkünden, ehe es zu spät ist.

Ich rufe Euch dazu auf, die Feindseligkeiten einzustellen, nicht weil Ihr zu erschöpft seid, um weiterzukämpfen, sondern weil Krieg seinem Wesen nach schlecht ist. Ihr wollt den Nazismus vernichten, Ihr werdet ihn niemals vernichten, indem Ihr ihn mehr oder weniger übernehmt. Eure Soldaten verrichten das gleiche Zerstörungswerk wie die deutschen. Der einzige Unterschied besteht darin, daß Eures vermutlich nicht so gründlich ist wie das ihre. Sollte das so sein, so wird Eures bald ebenso gründlich sein wie das ihre, wenn nicht gar gründlicher. Nur unter dieser Bedingung könnt Ihr den Krieg gewinnen. Mit anderen Worten, Ihr müßt noch unbarmherziger sein als die Nazis. Keine Sache, mag sie auch noch so gerecht sein, kann das unterschiedslose Gemetzel rechtfertigen, das jede Minute andauert. Ich behaupte, eine Sache kann nicht gerecht genannt werden, die Unmenschlichkeiten erfordert, wie sie heute begangen werden.

Ich möchte weder, daß England unterliegt, noch möchte ich, daß es bei dieser brutalen Kraftprobe, sei es durch die Kraft der Muskeln oder die des Gehirns, siegt. Die Tapferkeit Eurer Muskeln ist unbezweifelbar. Ist es nötig zu demonstrieren, daß Euer Gehirn ebenso unvergleichlich ist in seiner Zerstörungskraft wie Eure Muskeln? Ich hoffe, Ihr werdet nicht in einen derart würdelosen Wettbewerb mit den Nazis eintreten wollen. Ich wage es, Euch einen edleren und tapfereren Weg vorzuschlagen, einen Weg, der des tapfersten Soldaten würdig ist: Ich möchte den Nazismus ohne Waffen bekämpfen, oder, in militärischer Terminologie gesprochen, mit gewaltfreien Waffen. Ich möchte, daß Ihr die Waffen, über die Ihr verfügt, als ungeeignet zu dem Zweck, Euch oder die Menschheit zu schützen, beiseitelegt. Ihr würdet Herrn Hitler und Signor Mussolini einladen, sich von den Ländern, die Ihr Euer Eigentum nennt, zu nehmen, was sie wollen. Laßt sie die schöne Insel mit ihren vielen schönen Bauwerken in Besitz nehmen. Ihr solltet sie alle hingeben. Doch weder Eure Seelen noch Euren Geist. Wenn diese Herren belieben, Eure Häuser und Wohnungen zu besetzen, so solltet Ihr sie preisgeben. Wenn sie Euch keinen Abzug gewähren, solltet Ihr, ob Mann, Frau oder Kind, es zulassen, abgeschlachtet zu werden. Aber Ihr werdet Euch weigern, ihnen zu gehorchen.

Dieses Vorgehen oder diese Methode, die ich gewaltfreie Nichtzusammenarbeit genannt habe, ist bei ihrer Anwendung in Indien nicht ohne beträchtlichen Erfolg geblieben. Eure Vertreter in Indien mögen meine Behauptung bestreiten. Tun sie es, so tun sie mir leid. Vielleicht erzählen sie Euch, unsere Nichtzusammenarbeit sei nicht gänzlich gewaltfrei gewesen, sie sei dem Haß entsprungen. Sollten sie das behaupten, so würde ich das nicht bestreiten. Wäre sie völlig gewaltfrei gewesen, hätten alle Nichtzusammenarbeiter Euch gegenüber nur Wohlwollen im Herzen getragen, so wäre ich so kühn zu behaupten, daß Ihr, die Ihr die Herren Indiens seid, seine Führer geworden wärt und diese unvergleichliche Waffe mit weitaus größerem Können, als wir es besitzen, vervollkommnet hättet, um damit der Drohung der deutschen und italienischen Freunde zu begegnen. Dann wäre die Geschichte Europas in den vergangenen Monaten tatsächlich anders geschrieben worden. Europa wären ganze Seen unschuldigen Blutes, die Vergewaltigung so vieler kleiner Nationen und die Orgie des Hasses erspart geblieben.

Dies ist nicht der Appell eines Mannes, der unfähig ist, sich um seine eigenen Angelegenheiten zu kümmern. Ich habe Gewaltfreiheit und alle ihre

Möglichkeiten mehr als fünfzig Jahre lang ununterbrochen mit wissenschaftlicher Präzision praktiziert. Ich habe sie in allen Lebensbereichen angewandt – zu Hause, in Institutionen, wirtschaftlich und politisch. Ich kenne nicht einen einzigen Fall, wo sie versagt hätte. Wenn sie gelegentlich zu versagen schien, habe ich das meinen Fehlern zugeschrieben. Ich erhebe keinen Anspruch auf Vollkommenheit. Aber ich erhebe den Anspruch, ein leidenschaftlicher Sucher nach der Wahrheit, die nur ein anderer Name für Gott ist, zu sein. Im Laufe dieser Suche habe ich die Gewaltfreiheit entdeckt. Sie zu verbreiten ist meine Lebensaufgabe. Ich habe kein Interesse am Leben, außer, um jene Aufgabe zu erfüllen.

Ich nehme für mich in Anspruch, ein lebenslanger und ganz uneigennütziger Freund des englischen Volkes zu sein. Meine Liebe zu Euch bleibt unverändert und sie wird es bleiben, gleichgültig, wie das Schicksal meines Landes letztlich aussehen wird. Meine Gewaltfreiheit fordert universale Liebe, und es ist nicht der geringste Teil davon, der Euch gehört. Es ist diese Liebe, die mich dazu getrieben hat, an Euch zu appellieren. Möge Gott jedem meiner Worte Kraft verleihen. In seinem Namen habe ich dies zu schreiben begonnen, und in seinem Namen schließe ich es.

Haridschan, 6. 7. 1940

Die Seele dem Eroberer nicht ausliefern heißt, sich weigern, das zu tun, was zu tun Dir Dein Gewissen verbietet. Angenommen, der "Feind" fordert von Dir, Dir die Nase bis zur Wurzel abzuscheuern, Dir die Ohren auszureißen oder ähnliche erniedrigende Veranstaltungen durchzuführen, so wirst Du Dich keiner dieser Erniedrigungen unterwerfen. Wenn er Dir jedoch Deinen Besitz raubt, so wirst Du ihn preisgeben, denn als Anhänger der Ahimsa hast Du Dich von Anbeginn dafür entschieden, daß irdischer Besitz nichts mit Deiner Seele zu tun hat. Das, was Du als Dein Eigentum betrachtest, solltest Du nur solange behalten, als die Welt es Dir zu besitzen erlaubt.

Deine Seele nicht ausliefern heißt, keiner Versuchung Raum geben. Der Mensch ist nur allzu oft schwach genug, in die Falle der Gier und der honigsüßen Worte zu tappen. Das ereignet sich täglich in unserer Gesellschaft. Ein charakterschwacher Mensch kann niemals ein Satjagrahi sein. Das "nein" des letzteren bleibt unverrückbar ein "nein" und sein "ja" ein immerwährendes "ja". Allein ein solcher Mensch hat die Kraft, ein begeisterter Anhänger der Wahrheit und der Ahimsa zu sein. Doch muß man hier den Unterschied zwischen Festigkeit und Eigensinn beachten. Wenn man, nachdem man "ja" oder "nein" gesagt hat, herausfindet, daß die Entscheidung falsch war und trotz dieses Wissens daran festhält, dann ist das Eigensinn und Torheit. Es ist nötig, die Dinge sorgfältig und gründlich zu durchdenken, ehe man eine Entscheidung trifft.

Was es bedeutet, die Forderung nach Loyalität zurückzuweisen, ist klar. Du wirst Dich der Überlegenheit des Siegers nicht beugen, Du wirst ihm nicht helfen, sein Ziel zu erreichen. Herr Hitler hat nie davon geträumt, England zu besitzen. Er wollte die Engländer zwingen, ihre Niederlage zuzugeben. Der Sieger kann dann alles, was er will, von dem Besiegten fordern, und der letztere muß notgedrungen nachgeben. Wenn aber keine Niederlage zugegeben wird, wird der Feind kämpfen, bis er seinen Gegner getötet hat. Ein Satjagrahi ist in Bezug auf seinen Körper schon tot, bevor der Gegner versucht, ihn zu töten, daß heißt er ist frei vom Anhaften an seinen Körper und lebt allein dem Sieg der Seele. Wenn er also schon tot ist, warum sollte er noch darauf aus sein, jemanden zu töten? Wenn der Feind das, was er will, von Dir nicht lebend bekommen kann, wird er beschließen, Dich zu töten, um es zu erhalten. Wenn er andererseits erkennt, daß Du nicht den leisesten Wunsch in Deinem Herzen hast, die Hand gegen ihn zu erheben, nicht einmal um Dein Leben zu schützen, wird er die Lust verlieren, Dich zu töten. Jeder Jäger kennt diese Erfahrung. Noch nie hat man von einem gehört, der Kühe jagt.
Haridschan, 18. 8. 1940

Die englischen Pazifisten sollten in strikter Übereinstimmung mit der Bergpredigt leben. Sie werden dann sofort erkennen, daß es viel aufzugeben und umzugestalten gibt. Vor allen Dingen müssen sie sich selbst die Frucht des Imperialismus versagen. Das momentane komplizierte Leben des Londoners und sein hoher Lebensstandard sind nur möglich aufgrund der Schätze, die aus Asien, Afrika und anderen Teilen der Welt herbeigeschafft werden.
Haridschan, 15. 3. 1942

21 Rassenkonflikte

"Angenommen, ich wäre ein Neger, dessen Schwester von einem Weißen vergewaltigt oder durch eine weiße Gemeinschaft gelyncht wurde, was hätte ich dann, so frage ich mich, zu tun? Und ich antworte: Ich darf ihnen nichts Böses wünschen, aber ich darf mit ihnen auch nicht zusammenarbeiten. Nun kann es sein, daß ich für meinen Lebensunterhalt von der Gemeinschaft abhängig bin, die den Lynchmord begangen hat. Ich weigere mich dennoch, mit ihr zusammenzuarbeiten. Ich weigere mich, das Essen anzurühren, das von ihr kommt. Ich weigere mich, selbst mit denen von meinen Negerbrüdern zusammenzuarbeiten, die das Unrecht dulden. Ich habe in meinem Leben oft zu einem solchen

Vorgehen Zuflucht genommen. Natürlich wäre ein mechanisch unternommenes Verhungern ohne Bedeutung. Die Kraft des Glaubens muß ungetrübt bleiben, während das Leben Minute für Minute verebbt. Ich bin jedoch eine äußerst dürftige Verkörperung der Gewaltfreiheit und meine Antwort wird Sie womöglich nicht überzeugen. Aber ich bemühe mich mit aller Kraft, und selbst, wenn mir in diesem Leben der Erfolg versagt bleibt, wird mein Glaube dadurch nicht vermindert."

Haridschan, 14. 3. 1936

Deutschland zeigt der Welt, wie wirksam Gewalt eingesetzt werden kann, wenn sie nicht durch Heuchelei oder Schwäche, die sich als Menschlichkeit ausgibt, behindert wird. Es zeigt auch, welch schrecklichen und erschreckenden Anblick sie bietet, wenn sie sich unverhüllt zeigt.

Können die Juden dieser organisierten und schamlosen Verfolgung widerstehen? Gibt es einen Weg für sie, ihre Selbstachtung zu bewahren und sich nicht hilflos, vernachlässigt und verlassen zu fühlen? Ich glaube ja. Niemand, der an einen lebendigen Gott glaubt, braucht sich hilflos und verlassen zu fühlen. Jehova, der Gott der Juden, ist ein persönlicherer Gott als der Gott der Christen, Moslems oder Hindus, obwohl er, seinem Wesen nach, allen gemeinsam, einzigartig und unbeschreiblich ist. Da die Juden Gott jedoch Personalität zuschreiben und glauben, er lenke jede ihrer Handlungen, sollten sie sich nicht hilflos fühlen.

Ich würde mich weigern, mich vertreiben zu lassen oder mich einer diskriminierenden Behandlung zu unterwerfen. Und ich würde damit nicht warten, bis meine Glaubensbrüder sich meinem zivilen Widerstand anschließen, sondern darauf vertrauen, daß die übrigen schließlich nicht umhin können, meinem Beispiel zu folgen. Sollte ein Jude oder alle Juden diesem Vorschlag folgen, wären sie bestimmt nicht schlechter dran als jetzt. Und das freiwillig erduldete Leiden würde ihnen eine innere Stärke und Freude verleihen, wie noch so viele Sympathiekundgebungen, die die Welt außerhalb Deutschlands veranstaltet, es nicht können. In der Tat, selbst wenn England, Frankreich und Amerika Deutschland den Krieg erklären sollten, könnten sie ihnen dadurch doch keine innere Freude und innere Stärke bringen. Die kalkulierte Gewalttätigkeit Hitlers könnte sogar zu einem allgemeinen Blutbad unter den Juden führen als eine erste Antwort auf die Eröffnung solcher Feindseligkeiten. Gelänge es jedoch, den jüdischen Geist auf freiwillige Leiden vorzubereiten, so könnte selbst das Blutbad, das ich für möglich halte, zu einem Tag des Dankes und der Freude werden dafür, daß Jehova die Erlösung seines Volkes selbst durch die Hand eines Tyrannen bewirkt hat. Für den, der Gott fürchtet, hat der Tod keinen Schrecken, er ist ein erquickender Schlaf, gefolgt von einem Erwachen, das umso erfrischender sein wird, je länger der Schlaf andauerte.

Es ist wohl nicht nötig, darauf hinzuweisen, daß es für die Juden leichter als für die Tschechen ist, meinem Vorschlag zu folgen. Denn für sie gibt es in der Satjagraha-Kampagne der Inder in Südafrika eine genaue Parallele. Dort nahmen die Inder durchaus denselben Platz ein, wie die Juden heute in Deutschland. Die Verfolgung hatte gleichfalls eine religiöse Färbung. Präsident Krüger pflegte zu sagen, die weißen Christen seien die Auserwählten Gottes und die Inder niedere Wesen, geschaffen, den Weißen zu dienen. Die Verfassung von Transvaal enthielt die grundlegende Bestimmung, daß es zwischen den weißen und den farbigen Rassen, einschließlich der Asiaten, keine Gleichberechtigung geben soll. Die Inder wurden auch dort in Ghettos zusammengefaßt, die man Siedlungen nannte. Die anderen Entrechtungen waren nahezu von der gleichen Art wie die der Juden in Deutschland. Die Inder, nur eine Handvoll, nahmen ihre Zuflucht zu Satjagraha, ohne einen Rückhalt bei der übrigen Welt oder bei der indischen Regierung zu finden. Die britische Beamtenschaft versuchte lediglich, die Satjagrahis von ihrem geplanten Schritt abzubringen. Die Weltmeinung und die indische Regierung kamen ihnen nach acht Jahren Kampf zu Hilfe, und auch das nur durch diplomatischen Druck und nicht mit einer Kriegsdrohung.

Die Juden in Deutschland können Satjagraha unter unendlich günstigeren Voraussetzungen als die Inder in Südafrika leisten. Die Juden sind eine geschlossene, homogene Gemeinschaft in Deutschland. Sie sind weitaus begabter als die Inder in Südafrika, und sie haben die organisierte Weltmeinung hinter sich. Ich bin überzeugt, daß der Winter ihrer Verzweiflung sich augenblicklich in den Sommer der Hoffnung verwandeln könnte, stünde jemand mit Mut und Weitsicht unter ihnen auf, um sie in eine gewaltfreie Aktion zu führen. Und was heute eine entwürdigende Menschenjagd geworden ist, kann zu einem ruhigen und entschlossenen Widerstand von unbewaffneten Männern und Frauen werden, die die Kraft des Leidens besitzen, die ihnen Jehova verliehen hat. Dann würde ein wahrhaft religiöser Widerstand gegen die gottlose Raserei eines entmenschten Mannes geleistet. Die deutschen Juden würden einen bleibenden Sieg über die deutschen Nichtjuden erringen, indem sie diese zur Anerkennung der Menschenwürde bekehrten. Sie würden ihren deutschen Mitbürgern dienen und ihren Anspruch einlösen, die wahren Deutschen zu sein im Gegensatz zu jenen, die heute den deutschen Namen, wenn auch unbewußt, in den Schmutz ziehen.

Und nun ein Wort zu den Juden in Palästina. Ich habe keinen Zweifel, daß sie die Sache falsch anpacken. Das Palästina der Bibel ist kein geographisches Gebiet. Es liegt in ihren Herzen. Wenn sie aber das geographische Palästina als ihre nationale Heimstätte ansehen, ist es falsch, es im Schatten des englischen Geschützes zu betreten. Eine religiöse Tat kann nicht mit Hilfe des Bajonetts oder der Bombe ausgeführt werden.

Sie können sich in Palästina nur mit Zustimmung der Araber niederlassen. Sie sollten versuchen, die Herzen der Araber zu bekehren. Derselbe Gott, der die Herzen der Juden regiert, regiert auch die Herzen der Araber. Sie können den Arabern gegenüber Satjagraha leisten und anbieten, erschossen oder ins Tote Meer geworfen zu werden, ohne auch nur den kleinen Finger gegen sie zu erheben. Sie würden in ihrem religiösen Bestreben die Weltmeinung auf ihrer Seite haben. Es gäbe hundert Möglichkeiten, mit den Arabern vernünftig zu reden, wenn sie nur auf die Hilfe des englischen Bajonetts verzichteten. Solange das nicht geschieht, sind sie Spießgesellen der Engländer bei der Ausplünderung eines Volkes, das ihnen nichts Böses getan hat.

Laßt die Juden, die den Anspruch erheben, das auserwählte Volk zu sein, ihren Anspruch dadurch beweisen, daß sie den Weg der Gewaltfreiheit wählen, um ihre irdische Existenz zu verteidigen. Jedes Land, einschließlich Palästina, ist ihre Heimat, doch nicht durch Aggression, sondern durch liebevollen Dienst. Ein jüdischer Freund hat mir ein Buch geschickt mit dem Titel: "Der jüdische Beitrag zur Zivilisation", von Cecil Roth. Es berichtet, was die Juden zur Bereicherung der Literatur, der bildenden und dramatischen Kunst, der Musik, der Wissenschaft, der Medizin, der Landwirtschaft usw. geleistet haben. Vorausgesetzt, er hat den Willen dazu, kann der Jude es ablehnen, als Ausgestoßener des Westens betrachtet, verächtlich oder gönnerhaft behandelt zu werden. Er kann der Welt Aufmerksamkeit und Achtung abnötigen, indem er sich als Mensch, als Gottes auserwähltes Geschöpf erweist und nicht als Mensch, der rasch auf den Stand wilder Tiere und gottverlassener Wesen herabsinkt. So könnten die Juden zu ihren vielen Beiträgen den überragenden Beitrag der gewaltfreien Aktion hinzufügen.

Haridschan, 26.11.1938

Habe ich nicht wiederholt gesagt, aktive Gewaltfreiheit sei reine, unverfälschte Liebe oder Mitgefühl? Und wenn die Juden, anstatt hilflos und notgedrungen gewaltlos zu sein, sich wohlüberlegt Gewaltfreiheit, das heißt Mitgefühl, für die nichtjüdischen Deutschen zu eigen machten, so könnten sie den Deutschen nicht nur keinen Schaden zufügen, sondern würden – da bin ich mir so sicher, wie ich diese Zeilen diktiere – das härteste deutsche Herz schmelzen. So groß die jüdischen Beiträge zum Fortschritt der Welt auch gewesen sein mögen, diese ihre letzte Tat wäre ihr größter Beitrag und der Krieg würde für immer der Vergangenheit angehören.

Haridschan, 17.12.1938

Freunde haben mir zwei Zeitungsausschnitte geschickt, die meinen Appell an die Juden kritisieren. Die beiden Kritiker meinen, daß ich, als ich den Juden Gewaltfreiheit als Heilmittel gegen das Unrecht, das ihnen angetan wurde, empfahl, nichts Neues vorschlug, und daß sie Gewaltfreiheit in den vergangenen zweitausend Jahren praktiziert hätten. Was diese beiden Kritiker angeht, so ist es mir nicht gelungen, mich verständlich zu machen. Die Juden haben, soweit mir bekannt ist, niemals Gewaltfreiheit als Glaubensartikel praktiziert oder auch nur als bewußte Politik. In der Tat, tragen sie nicht das Schandmal, daß ihre Vorfahren Jesus kreuzigten? Heißt es nicht, sie glauben an Auge um Auge, Zahn um Zahn? Fühlen sie in ihrem Herzen keine Gewalt gegen ihre Unterdrücker? Wollen sie nicht, daß die sogenannten demokratischen Mächte Deutschland für seine Judenverfolgung bestrafen und sie von der Unterdrückung befreien[27]? Wenn das so ist, dann ist in ihren Herzen keine Gewaltfreiheit. Ihre Gewaltfreiheit ist, wenn sie überhaupt so genannt werden kann, die der Hilflosen und Schwachen.

Wofür ich eingetreten bin, ist die aus dem Herzen kommende Absage an die Gewalt und der konsequent aktive Einsatz jener Kraft, die aus dieser großen Absage hervorgeht. Einer der Kritiker sagt, eine zustimmende öffentliche Meinung sei für die Wirksamkeit der Gewaltfreiheit unerläßlich. Der Autor denkt offensichtlich an passiven Widerstand als einer Waffe der Schwachen. Ich habe zwischen dem passiven Widerstand der Schwachen und dem aktiven gewaltfreien Widerstand der Starken unterschieden. Der letztere kann und wird trotz wütendster Gegnerschaft wirken. Doch ruft er am Ende breiteste öffentliche Sympathie hervor. Die Leiden der Gewaltfreien haben bekanntlich die härtesten Herzen geschmolzen. Ich wage es zu behaupten, daß, wenn die Juden die Seelenkraft, die allein aus der Gewaltfreiheit entspringt, zu ihrer Unterstützung aufböten, Herr Hitler sich vor einem Mut, wie er ihn im Umgang mit Menschen bisher noch nie in nennenswertem Maße erfahren, verbeugen würde. Er müßte zugeben, daß er sogar dem Mut seiner besten Soldaten in den Sturmtruppen unendlich überlegen ist. Solchen Mut können allerdings nur diejenigen zeigen,

---

[27] Gandhi hat diese Behauptung in einem späteren Artikel als auf einer Fehlinformation beruhend vorbehaltlos zurückgenommen. Non-violence in Peace and War, Ahmedabad 1942, Bd. 1, S. 220, siehe auch S. 170 ff, 218 f und Bd. 2, S. 116 ff.

die einen lebendigen Glauben an den Gott der Wahrheit und der Gewaltfreiheit, das heißt der Liebe, besitzen.

Haridschan, 17.12.1938

"Ein jüdischer Gandhi", sollte er in Deutschland aufstehen, könnte höchstwahrscheinlich nicht länger als fünf Minuten wirken, ehe er unverzüglich zur Guillotine geschleift würde. Doch das widerlegt meinen Standpunkt nicht, noch erschüttert er meinen Glauben an die Wirksamkeit der Ahimsa. Ich kann mir vorstellen, daß Hunderte, ja Tausende geopfert werden müssen, um den Hunger von Diktatoren zu stillen, die nicht an Ahimsa glauben. Es gilt sogar der Grundsatz, daß Ahimsa angesichts der größten Himsa am wirksamsten ist. Nur in solchen Fällen wird ihre Qualität wirklich geprüft. Für die Leidenden ist es nicht nötig, das Ergebnis zu ihren Lebzeiten zu sehen. Sie müssen den Glauben haben, daß, falls ihr religiös begründetes Vorgehen weiterlebt, das Ergebnis mit Sicherheit folgen wird. Die Methode der Gewalt bietet keine größere Erfolgsgarantie als die der Gewaltfreiheit. Sie bietet eine unendlich geringere, denn ihr fehlt der Glaube des Anhängers von Ahimsa.

Haridschan, 27.5.1939

22 Abrüstung

Deutschland bräuchte, sollte es seine Politik heute ändern und sich entschließen, seine Freiheit nicht dafür zu nutzen, den Welthandel zu spalten, sondern die schwächeren Völker durch seine moralische Überlegenheit zu beschützen, dazu zweifellos keine Kriegsmacht. Es würde sich zeigen, daß *eine* Nation es wagen muß, sich selbst abzurüsten und große Risiken einzugehen, bevor eine allgemeine Abrüstung in Europa beginnen kann, was eines Tages kommen muß, will Europa nicht Selbstmord begehen. Falls dieses freudige Ereignis tatsächlich eintreten sollte, wird die Gewaltfreiheit in jener Nation selbstverständlich ein so hohes Niveau erreicht haben, daß ihr allseitige Anerkennung zuteil würde. Ihre Urteile wären unfehlbar, ihre Entscheidungen bestimmt, ihre Fähigkeit zum heldenhaften Selbstopfer groß und sie würde nicht weniger für andere Nationen als für sich selbst leiden.

Jung Indien, 8.10.1925

Wer nicht an die Möglichkeit eines dauerhaften Friedens glaubt, glaubt nicht an die Göttlichkeit der menschlichen Natur. Die bisher angewandten Methoden sind gescheitert, weil äußerste Lauterkeit auf Seiten derer, die sich darum bemühten, fehlte. Sie haben diesen Mangel nicht erkannt. Der Friede kann nicht erreicht werden, wenn nur ein Teil seiner Bedingungen erfüllt wird, gerade so wie eine chemische Verbindung nicht zustande kommt, wenn nicht alle dafür notwendigen Bedingungen erfüllt sind. Würden anerkannte Führer der Menschheit, die staatliche Zerstörungsmaschinen lenken, im vollen Bewußtsein der Folgen gänzlich auf ihren Einsatz verzichten, so könnte ein dauerhafter Friede erreicht werden. Das ist selbstverständlich unmöglich, solange die großen Weltmächte nicht ihre imperialistischen Pläne aufgeben. Das wiederum scheint unmöglich, solange die großen Nationen nicht aufhören, an den seelenzerstörenden Wettbewerb zu glauben sowie danach zu trachten, die Bedürfnisse zu vervielfältigen und folglich ihre materiellen Besitztümer zu vermehren. Die Wurzel des Bösen, davon bin ich überzeugt, ist der Mangel an lebendigem Glauben an einen lebendigen Gott. Es ist eine menschliche Tragödie erster Klasse, daß die Völker der Erde, die den Anspruch erheben, an die Botschaft Jesu zu glauben, den sie als den Friedensfürsten beschreiben, in ihrer konkreten Praxis wenig von diesem Glauben erkennen lassen. Es ist schmerzlich mitanzusehen, wie aufrichtige christliche Geistliche den Anwendungsbereich der Botschaft Jesu auf auserwählte Einzelne beschränken. Die wichtigsten menschlichen Tugenden, das hat man mich seit meiner Kindheit gelehrt, und ich habe es durch eigene Erfahrung bestätigt gefunden, können selbst vom Geringsten erworben werden. Diese unbezweifelbar universale Fähigkeit ist es, die den Menschen vom Rest von Gottes Schöpfung unterscheidet. Selbst wenn nur eine große Nation sich bedingungslos zu einer solchen äußersten Entsagungstat fähig erwiese, so würden viele von uns noch zu unseren Lebzeiten erleben, wie sichtbar Friede auf Erden geschaffen wird.

Haridschan, 16. 5. 1936

Den Großmächten steht es jederzeit frei, die Gewaltfreiheit anzunehmen, sich mit Ruhm zu bedecken und sich die ewige Dankbarkeit der Nachwelt zu verdienen. Wenn sie alle oder auch nur eine von ihnen die Furcht vor der Vernichtung ablegen könnten, wenn sie sich selbst entwaffneten, würden sie automatisch dem Rest helfen, seine geistige Gesundheit wiederzuerlangen. Doch dann müßten diese Großmächte ihre imperialistischen Bestrebungen sowie die Ausbeutung der sogenannten unzivilisierten oder halbzivilisierten Völker der Erde aufgeben und ihre Lebensweise verändern. Das bedeutet eine umfassende Revolution. Von großen Völkern kann normalerweise kaum erwartet werden, daß sie spontan eine Richtung einschlagen, die der, der sie seither folgten, völlig entgegengesetzt ist, eine Richtung überdies, die sie, nach ihrem Wertmaßstab, von Sieg zu Sieg führte. Doch schon früher sind Wunder geschehen und sie mögen sich sogar in diesem prosaischen Zeitalter ereignen. Wer darf es wagen, Gottes Macht, Unrecht rückgängig zu machen, zu begrenzen? Eines ist jedoch sicher, falls der wahnsinnige Rüstungswettlauf anhält, muß er unweigerlich in einem Blutbad enden, wie es in der Geschichte noch nie vorgekommen ist. Sollte ein Sieger übrigbleiben, so wird selbst dieser Sieg für die siegreiche Nation ein lebender Tod sein. Es gibt kein Entrinnen vor dem drohenden Untergang, außer durch eine kühne und bedingungslose Annahme der gewaltfreien Methode mit all ihren wunderbaren Auswirkungen.

Haridschan, 12.11.1938

23 Die Atombombe

Amerikanische Freunde meinten, die Atombombe werde, wie nichts anderes, Ahimsa (Gewaltfreiheit) möglich machen. Das stimmt, wenn damit gemeint ist, daß die abschreckende Wirkung ihrer Zerstörungskraft die Welt zu vorübergehender Abkehr von der Gewalt bewegt. Aber so, wie ein Mensch, der sich mit Leckereien vollgestopft hat bis zur Übelkeit, sich von ihnen abwendet, nur um sich, sobald die Übelkeit gewichen, mit verdoppelter Gier wieder darauf zu stürzen, so wird die Welt sich mit neuer Gier in die Gewalt stürzen, wenn die Wirkung der Abschreckung nachgelassen hat.

Nach meiner Ansicht hat die Atombombe das edelste Gefühl abgestumpft, das die Menschheit seit Jahrtausenden aufrecht erhielt. Es gab das sogenannte Kriegsrecht, das den Krieg erträglich machte. Jetzt kennen wir die nackte Wahrheit. Der Krieg kennt nur ein Recht, das Recht des Stärkeren. Die Atombombe verhalf den Alliierten zu einem Scheinsieg, ihr unmittelbares Ergebnis war jedoch die Vernichtung der Seele Japans. Was sie der Seele der Siegernation antat, läßt sich jetzt noch nicht absehen. Die Naturkräfte wirken auf geheimnisvolle Weise. Wir können dieses Geheimnis nur enträtseln, indem wir von bekannten Folgen ähnlicher Ereignisse auf die unbekannte Folge schließen.

Ein Sklavenhalter kann keinen Sklaven halten, ohne sich selbst oder einen Stellvertreter zusammen mit dem Sklaven einzusperren. Wohlgemerkt, nichts liegt mir ferner, als die Missetaten entschuldigen zu wollen, die Japan in Verfolgung seiner ruchlosen Ziele beging. Der Unterschied war nur graduell. Ich gehe davon aus, daß Japans Ambitionen die ruchloseren waren, doch die größere Ruchlosigkeit gab den weniger Ruchlosen noch kein Recht, gnadenlos japanische Männer, Frauen und Kinder in einem bestimmten Gebiet zu töten.

Die Lehre, die mit Fug und Recht aus der furchtbaren Tragödie der Bombe gezogen werden darf, lautet: Bomben können niemals durch gegnerische

Bomben unschädlich gemacht werden, so wenig, wie Gewalt durch Gegengewalt. Die Menschheit muß sich ausschließlich durch Gewaltfreiheit von der Gewalt befreien. Haß kann nur durch Liebe überwunden werden. Unversöhnlichkeit vergrößert und vertieft nur den Haß. Ich weiß, daß ich hier wiederhole, was ich schon seit langem immer wieder erklärt und nach bestem Können und Vermögen praktiziert habe. Schon als ich es zum ersten Mal sagte, war es nichts Neues. Es war so alt wie die Berge. Nur, daß ich keine papierene Maxime vorbrachte, sondern mit Nachdruck verkündete, woran ich mit jeder Faser meines Seins glaubte. Sechzig Jahre Praxis auf verschiedenen Lebensgebieten haben diesen Glauben bereichert, die Erfahrungen von Freunden haben ihn gestärkt. Er ist die zentrale Wahrheit, die dem Einzelnen die Kraft gibt, allein zu stehen und nicht zu wanken. Ich glaube, was Max Müller[28] einst sagte, nämlich, daß man die Wahrheit solange wiederholen müsse, wie es noch Menschen gibt, die nicht an sie glauben.

Haridschan, 7.7.1946

In diesem Zeitalter der Atombombe ist unverfälschte Gewaltfreiheit die einzige Kraft, die alle Tricks der Gewalt, einzeln oder gemeinsam, vereiteln kann.

Haridschan, 16.11.1947

24 Verbrannte Erde

Ich sehe weder Tapferkeit noch Aufopferung darin, Leben oder Eigentum zum Zweck des Angriffs oder der Verteidigung zu zerstören. Ich würde meine Ernte und meine Heimstatt, wenn nötig, weit lieber dem Feind überlassen, als sie zu zerstören, um zu verhindern, daß der Feind sie nutzt. Es ist vernünftig, aufopferungsvoll und sogar tapfer, meine Heimstatt und meine Ernte auf diese Weise preiszugeben, falls das nicht aus Furcht geschieht, sondern weil ich mich weigere, irgendjemand als meinen Feind zu betrachten – das heißt aus einem humanitären Motiv.

Haridschan, 22.3.1942

Es zeugt nicht von Tapferkeit, meinen Brunnen zu vergiften oder zuzuschütten, damit mein Bruder, der Krieg gegen mich führt, das Wasser nicht nutzen kann, vorausgesetzt, ich bekämpfe ihn auf die übliche Art. Es zeugt auch nicht von Aufopferung, denn es reinigt mich nicht, und Aufopferung setzt, ihrer Grundbedeutung nach, Reinheit voraus. Solche Zerstörung läuft darauf hinaus,

---

[28] Sprachforscher und Sanskritist (1827–1900). Begründer der vergleichenden Religionswissenschaft.

sich die Nase abzuschneiden, um das Gesicht zu ärgern. Die Krieger in alten Zeiten kannten nützliche Kriegsregeln. Ausgeschlossen sein sollte unter anderem die Vergiftung von Brunnen und die Vernichtung der Ernteerträge. Ich behaupte in der Tat, daß Tapferkeit und Opferbereitschaft dazugehören, meine Brunnen, Ernteerträge und Heimstätten unversehrt zu lassen, Tapferkeit insofern, als ich bewußt das Risiko eingehe, daß der Feind sich auf meine Kosten ernährt, und Opferbereitschaft insofern, als die Gesinnung, dem Feind etwas zu überlassen, mich reinigt und veredelt.

Haridschan, 12. 4. 1942

25 Sabotage und Geheimhaltung

Ein Freund trug Gandhi einige seiner Zweifel vor. War Zerstörung von Regierungseigentum Gewalt? "Sie sagen, niemand habe das Recht, Eigentum, das ihm nicht selbst gehört, zu zerstören. Wenn das so ist, ist Regierungseigentum nicht auch meines? Ich bin der Meinung, es ist meines und ich kann es zerstören."

"Ihr Argument enthält einen doppelten Trugschluß", antwortete Gandhi. "Erstens, unterstellt, Regierungseigentum sei nationales Eigentum – was es heute nicht ist – so darf ich es nicht aus Unzufriedenheit mit der Regierung zerstören. Denn selbst eine nationale Regierung wäre außerstande, auch nur einen Tag weiterzuarbeiten, wenn jeder das Recht für sich in Anspruch nähme, Brücken, Fernmeldeeinrichtungen, Straßen usw. zu zerstören, weil er einige ihrer Aktivitäten mißbilligt. Mehr noch, das Übel sitzt nicht in den Brücken, Straßen usw., das sind tote Gegenstände, sondern in den Menschen. Mit den letzteren muß man sich beschäftigen. Die Zerstörung von Brücken usw. durch Sprengstoff berührt dieses Übel nicht, sondern provoziert nur ein schlimmeres Übel als das, welches man zu beenden sucht."

"Ich stimme zu", entgegnete der Freund, "das Übel ist in uns selbst, nicht in der Brücke, die für einen guten wie für einen bösen Zweck verwendet werden kann. Ich stimme ebenfalls zu, daß ihre Sprengung Gegengewalt noch schlimmerer Art provoziert. Doch mag das von einem strategischen Standpunkt aus für den Erfolg der Bewegung und um Demoralisierung zu verhindern, notwendig sein."

"Das ist ein altes Argument", erwiderte Gandhi. "Man hörte es in alten Tagen zur Verteidigung des Terrorismus. Sabotage ist eine Form der Gewalt.

Die Leute haben die Vergeblichkeit der physischen Gewalt erkannt, doch einige denken offenbar, sie könne in veränderter Form als Sabotage erfolgreich angewandt werden. Ich bin überzeugt, daß die Menschen als Masse sich ohne das Wirken der echten Gewaltfreiheit niemals zu der Höhe an Mut und Furchtlosigkeit hätten erheben können, wie sie es tatsächlich getan haben. Wie sie wirkt, wissen wir noch nicht ganz. Doch die Tatsache bleibt, daß wir durch die Gewaltfreiheit an Stärke gewonnen haben, selbst durch unsere offensichtlichen Mißerfolge und Rückschläge. Auf der anderen Seite endete der Terrorismus in Demoralisierung. Ungeduld führt zum Scheitern (haste leads to waste)."

"Wir haben herausgefunden", entgegnete der Freund, "daß jemand, der in Gewaltanwendung geschult wurde, der wahren Gewaltfreiheit näher kommt als einer, der keine derartige Schulung besitzt."

"Das kann nur in dem Sinne gelten, daß er, nachdem er es immer wieder mit Gewalt versucht hat, ihre Vergeblichkeit erkannte. Das ist alles. Würden Sie denn behaupten, ein Mensch, der das Laster geschmeckt hat, sei der Tugend näher als einer, der keine Erfahrung damit gemacht hat? Denn das ist es doch, worauf Ihr Argument hinausläuft."

Die Diskussion wandte sich dann der Geheimhaltung zu. Der besagte Freund argumentierte, daß, während individuelle Geheimhaltung einen Furchtkomplex erzeuge und deshalb vom Übel sei, organisierte Geheimhaltung nützlich sein könne. "Es ist keine Geheimhaltung, sofern die betreffende Person darauf vorbereitet ist, die Folgen ihres Handelns zu tragen. Sie greift zur Geheimhaltung, um ihr Ziel zu erreichen. Sie kann es ablehnen, in dem darauf folgenden Prozeß Aussagen zu machen. Sie braucht also keine falschen Angaben zu machen."

Doch Gandhi blieb unnachgiebig. "Keine Geheimorganisation, wie groß auch immer, kann irgendetwas Gutes bewirken. Geheimhaltung zielt darauf ab, einen Schutzwall um dich herum aufzubauen. Gewaltfreiheit verabscheut einen derartigen Schutz. Sie funktioniert in aller Offenheit und unter den denkbar widrigsten Umständen. Wir müssen riesige Menschenmengen, die jahrhundertelang unter dem Absatz unaussprechlicher Tyrannei zertreten wurden, zum Handeln organisieren. Sie können durch nichts anderes als durch wahrhaftige Mittel organisiert werden. Ich bin von Jugend auf bis zu meinem sechsundsiebzigsten Lebensjahr in Abscheu gegen Geheimhaltung aufgewachsen. Es sollte keine Verwässerung des Ideals geben. Solange wir uns dieses Glaubensbekenntnis nicht gänzlich zu eigen machen, werden wir auf unserem Weg nicht vorankommen."

Haridschan, 10.2.1946

Nichts kann meinem Denken ferner liegen als die Schädigung von Person und Eigentum derer, die den Regierungsapparat des britischen Imperialismus, wie er in Indien wirkt, handhaben oder leiten. Meine Gewaltfreiheit macht einen fundamentalen Unterschied zwischen dem Menschen und seiner Maschine. Ich würde eine schädliche Maschine ohne Reue zerstören, doch niemals einen Menschen. Und diesen Grundsatz habe ich im Umgang meinen nächsten Angehörigen eingehämmert und ebenso – nicht ohne beträchtlichen Erfolg – meinen Freunden und Mitarbeitern.

Aus Gandhis Erwiderung auf die Regierungsdenkschrift über "Die Verantwortung des Kongresses für die Unruhen von 1942–43"; 15.7.1943

26   Das Rote Kreuz

Ich mache keinen Unterschied zwischen denen, die Zerstörungswaffen einsetzen und denen, die Sanitätsdienste leisten. Beide nehmen am Krieg teil und fördern ihn.

Jung Indien, 13.9.1928

Es ist mir peinlich, bekennen zu müssen, daß ich die Geschichte dieser wunderbaren und großartigen Organisation nicht kenne[29]. Wenn sie Tausende von Gefangenen gerettet hat, so verbeuge ich mich vor ihr. Doch, nachdem ich ihr diesen Tribut gezollt habe, möchte ich sagen, wäre es nicht besser, diese Organisation hörte auf, nach dem Krieg zu helfen und leistete stattdessen ohne Krieg Hilfe? Hätte der Krieg nicht auch einen erlösenden Zug, erforderte er nicht Mut und Heldentum, so wäre er eine verachtenswerte Angelegenheit und es bedürfte keiner Reden, um ihn zu zerstören. Was ich Ihnen vorschlagen möchte, ist jedoch unendlich edler als Krieg in all seinen Verzweigungen, einschließlich der Organisation des Roten Kreuzes. Glauben Sie mir, es gibt noch viele Millionen Gefangene – Sklaven ihrer Leidenschaften und ihrer Lebensumstände, es gibt noch viele Millionen, die durch ihre eigene Torheit verwundet sind, und Millionen zerstörter Häuser auf dem Antlitz der Erde. Die Friedensgesellschaften

---

[29] Gandhi spricht vor Vertretern des Internationalen Roten Kreuzes.

von morgen hätten daher mehr als genug zu tun, wenn sie den internationalen Dienst aufnähmen.

Haridschan, 12.10.1935

27 Völkerbund

Es wird erst dann einen Völkerbund geben, wenn alle Nationen, die ihr angehören, ob groß oder klein, völlig unabhängig sind. Die Natur dieser Unabhängigkeit wird dem Ausmaß entsprechen, in welchem die betreffenden Völker Gewaltfreiheit angenommen haben. Eines ist jedenfalls sicher, in einer Gesellschaft, die auf Gewaltfreiheit gegründet ist, wird sich die kleinste Nation so groß fühlen wie die größte. Die Vorstellung von Überlegenheit und Unterlegenheit wird gänzlich verschwunden sein.

Haridschan, 11.2.1939

Frage: Können Sie sich eine Welt vorstellen, die unter einer zentralen Regierungskörperschaft, der Vertreter der verschiedenen Bestandteile angehören, geeint ist?

Antwort: Nur unter dieser Bedingung kann die Welt überleben.

Frage: Glauben Sie, daß das Prinzip der Gewaltfreiheit nach dem, was Ihr Experiment in den letzten fünf Monaten ergeben hat, bei der Lösung der Weltprobleme noch Erfolg haben kann?

Antwort: Meine fünf Monate in Noakhali[30] haben meine frühere Erfahrung, daß Gewaltfreiheit all unsere Gebrechen heilen kann, nur erhärtet.

Haridschan, 8.6.1947

28 Demokratie

Wahre Demokratie sollte aufhören, sich auf die Armee zu verlassen, egal wofür. Eine Demokratie, die auf militärische Unterstützung angewiesen ist, um zu überleben, ist arm dran. Militärgewalt beeinträchtigt das freie Wachstum des Geistes. Es erstickt die Seele des Menschen.

Haridschan, 9.6.1946

---

[30] Ländlicher Bezirk in Bengalen, wo es nach der Teilung Indiens 1947 zu blutigen Auseinandersetzungen zwischen Moslems und Hindus kam. Gandhi versuchte, in einem fünfmonatigen Marsch von Dorf zu Dorf die Religionsgemeinschaften zu versöhnen.

Die Wissenschaft des Krieges führt geradewegs in die Diktatur. Allein die Wissenschaft der Gewaltfreiheit kann zur wahren Demokratie führen.

Haridschan, 15.10.1938

Demokratie und Gewalt vertragen sich nicht. Die Staaten, die heute dem Namen nach demokratisch sind, müssen entweder offen totalitär werden, oder sie müssen, wollen sie wahrhaft demokratisch werden, mutig gewaltfrei werden. Es ist eine Lästerung zu behaupten, Gewaltfreiheit könne nur von Einzelnen und niemals von Nationen, die doch aus Einzelnen bestehen, praktiziert werden.

Haridschan, 12.11.1938

Frage: Warum sagen Sie: "Demokratie kann nur durch Gewaltfreiheit gerettet werden?"[31]

Antwort: Weil Demokratie, solange sie sich auf Gewalt stützt, nicht für die Schwachen sorgen und sie beschützen kann. Nach meinem Verständnis von Demokratie sollte in ihr der Schwächste die gleiche Entfaltungsmöglichkeit besitzen wie der Stärkste. Das kann nur durch Gewaltfreiheit erreicht werden. Jedes Land behandelt die Armen heute gönnerhaft. Den Schwächsten, so sagt man, beißen die Hunde. Betrachten Sie Ihren eigenen Fall. Ein paar Kapitalisten besitzen Ihr Land. Das gleiche gilt für Südafrika. Diese riesigen Besitzungen können nur durch verdeckte, wenn nicht gar offene Gewalt aufrechterhalten werden. Westliche Demokratie, wie sie heute arbeitet, ist verdünnter Nazismus oder Faschismus. Bestenfalls ist sie nur ein Deckmantel, um die nazistischen und faschistischen Tendenzen des Imperialismus zu verbergen. Warum ist heute Krieg, wenn nicht um die Beute zu teilen? England hat Indien nicht mit demokratischen Methoden eingesackt. Was bedeutet die südafrikanische Demokratie wirklich? Schon ihre Verfassung wurde so gestaltet, daß sie den weißen Mann gegen den farbigen, den wirklichen Besitzer, schützt. Ihre eigene Geschichte ist womöglich noch düsterer, ungeachtet dessen, was die Nordstaaten für die Abschaffung der Sklaverei getan haben. Die Art und Weise, wie Sie den Neger behandelt haben, ist schändlich. Und der Krieg wird geführt, um solche Demokratien zu schützen. Dahinter verbirgt sich viel Heuchelei. Ich betrachte die Sache jetzt unter dem Gesichtspunkt der Gewaltfreiheit und versuche, die Gewalt in ihrer ganzen Nacktheit darzustellen.

Indien versucht, wahre Demokratie zu entwickeln, nämlich ohne Gewalt. Unsere Waffen sind die des Satjagraha, ausgedrückt durch das Tscharka (Spinnrad), die dörflichen Handwerke, Grundausbildung durch Handarbeit, Abschaf-

---

[31] Der Fragesteller ist ein amerikanischer Freund.

fung der Unberührbarkeit, konfessionelle Eintracht, Alkoholverbot und gewaltlose Organisation der Arbeit wie in Ahmedabad[32]. All dies bedeutet Massenaktion und Massenerziehung. Wir haben große Organisationen, um diese Aktivitäten zu leiten. Sie sind rein freiwillig und ihre einzige Sanktion ist der Dienst an den Ärmsten.

Das ist der unveränderliche Teil unserer gewaltfreien Bemühung. Aus dieser Bemühung erwächst die Fähigkeit, gewaltfreien Widerstand in Form von Nichtzusammenarbeit und zivilem Ungehorsam zu leisten, wobei letzterer in massenhafter Steuer- und Pachtzinsverweigerung gipfeln mag. Wir haben, wie Sie wissen, Nichtzusammenarbeit und zivilen Ungehorsam in beträchtlichem Maß mit beträchtlichem Erfolg versucht. Das Experiment trägt die Verheißung einer glänzenden Zukunft in sich. Und doch ist unser Widerstand nur ein solcher der Schwachen gewesen. Eure Kriege werden der Demokratie nie Sicherheit verschaffen. Indiens Experiment kann und wird dies tun, sofern das Volk sich seiner Aufgabe gewachsen zeigt, oder anders gesagt, sofern Gott mir die erforderliche Weisheit und Kraft schenkt, das Experiment zur Reife zu führen.

Haridschan, 18. 5. 1940

Ich spüre, daß die Krankheit in Europa im Grunde die gleiche ist wie die in Indien, ungeachtet der Tatsache, daß in Europa das Volk politische Unabhängigkeit genießt. Die Völker Europas haben zweifellos politische Macht, aber sie haben keine Selbstregierung (Swaradsch). Asiatische und afrikanische Völker werden zu ihrem einseitigen Vorteil ausgebeutet, und sie werden wiederum durch die herrschende Klasse oder Kaste unter dem geheiligten Namen der Demokratie ausgebeutet. Daher scheint die Krankheit im Grunde die gleiche zu sein wie in Indien. Deshalb ist wahrscheinlich auch das gleiche Heilmittel anwendbar. Die Ausbeutung der europäischen Massen wird, beraubt man sie ihrer Tarnung, mit Gewalt aufrechterhalten.

Gewalt von seiten der Massen wird das Übel niemals heilen. Jedenfalls zeigt die Erfahrung bis zum heutigen Tag, daß der Erfolg der Gewalt kurzlebig gewesen ist. Sie hat stets zu größerer Gewalt geführt. Bisher hat man lediglich versucht, verschiedene Formen der Gewalt und künstliche Hemmnisse einzuführen, die hauptsächlich vom Willen des Gewalttäters abhängen, sie zu respektieren. Im entscheidenden Moment sind diese Hemmnisse natürlich zusammengebrochen. Deshalb müssen, so scheint es mir, die europäischen Massen früher oder später zur Gewaltfreiheit greifen, wenn sie ihre Freiheit erlangen wollen. Daß nicht damit zu rechnen ist, daß sie es alle gemeinsam

---

[32] Textilarbeiterstreik von 1918. Siehe Louis Fischer: Das Leben des Mahatma, München o. J., S. 163–166

oder gleichzeitig tun, kümmert mich nicht. Ein paar tausend Jahre sind nur ein Augenblick im unermeßlichen Kreislauf der Zeit. Einer muß den Anfang machen mit einem unerschütterlichen Glauben.

Jung Indien, 3. 9. 1925

"Sie wollen gewaltfrei regieren, doch alle Gesetzgebung ist Gewalt."

"Nein, nicht alle Gesetzgebung. Gesetzgebung, die das Volk sich selbst auferlegt, ist gewaltlos, soweit das in der Gesellschaft möglich ist. Eine Gesellschaft, die auf der Grundlage vollständiger Gewaltfreiheit organisiert und verwaltet würde, wäre die reinste Anarchie."

"Glauben Sie, daß das ein realisierbares Ideal ist?"

"Ja, es ist realisierbar in dem Maße, wie Gewaltfreiheit realisierbar ist. Der Staat ist vollkommen und gewaltfrei, in dem das Volk am wenigsten regiert wird. Die nächste Annäherung an die reinste Anarchie wäre eine auf Gewaltfreiheit gegründete Demokratie. Die europäischen Demokratien sind meines Erachtens eine Verneinung der Demokratie."

"Glauben Sie, daß in alten Zeiten jemals eine gewaltfreie Demokratie, wie Sie sie im Auge haben, existierte?"

"Ich weiß es nicht. Doch wenn es nicht der Fall war, dann bedeutet das lediglich, daß wir nie den Versuch unternommen haben, das Höchste in uns zu verwirklichen. Ich zweifle nicht daran, daß wir auf einer gewissen Entwicklungsstufe weiser waren als heute und daß wir weiser werden müssen, als wir es heute sind, um die in der menschlichen Natur verborgenen Schönheiten zu entdecken. Vollständige Gewaltfreiheit ist unmöglich, solange wir körperlich existieren, denn wir nehmen zumindest einen gewissen Raum in Anspruch. Vollkommene Gewaltfreiheit ist, solange wir unseren Körper bewohnen, nur eine Theorie wie Euklids Punkt oder Gerade, aber wir müssen uns jeden Augenblick unseres Lebens darum bemühen."

Haridschan, 21. 7. 1940

Wenn wir unseren Traum von Pantschajat Radsch[33], das heißt wahrer Demokratie, verwirklicht sehen wollen, müssen wir den ärmsten und niedrigsten Inder als gleichberechtigten Herrscher Indiens neben dem größten im Lande betrachten. Das setzt voraus, daß alle rein sind oder rein werden, sofern sie es noch nicht sind. Und Reinheit muß mit Weisheit Hand in Hand gehen. Niemand

---

[33] Eine Art Rätesystem, bei dem die Dorfbevölkerung eine Dorfregierung von fünf Mitgliedern wählt, die ihrerseits wieder mit den Regierungsmitgliedern anderer Dörfer zusammen die nächsthöhere Regierung wählen usf.

würde dann einen Unterschied zwischen Konfession und Konfession, Kaste und Kastenlosen machen. Jeder würde alle anderen als gleichwertig anerkennen und sie mit dem seidenen Netz der Liebe umschließen. Keiner würde einen anderen als unberührbar betrachten. Wir würden den sich schindenden Arbeiter und den reichen Kapitalisten als gleichwertig ansehen. Jedermann wüßte, wie er seinen Lebensunterhalt im Schweiße seines Angesichts auf ehrliche Weise verdienen kann, und würde zwischen geistiger und körperlicher Arbeit keinen Unterschied machen. Um diesen Zustand der Vollendung schneller zu erreichen, würden wir uns freiwillig in Straßenkehrer verwandeln. Kein vernünftiger Mensch würde je Opium, Alkohol oder irgendwelche Rauschmittel anrühren. Jeder würde Swadeschi[34] als Lebensregel beobachten und jede Frau, die nicht seine Ehefrau ist, ihrem Alter entsprechend als seine Mutter, Schwester oder Tochter betrachten und sie niemals im Herzen begehren. Er wäre bereit, wenn nötig, sein Leben hinzugeben, niemals jedoch, einem anderen das Leben zu nehmen.

Haridschan, 18. 1. 1948

29 Wirtschaftliche und soziale Gerechtigkeit

Sozialismus ist ein schönes Wort und, soviel ich sehe, sind im Sozialismus alle Glieder der Gesellschaft gleich – keines niedrig, keines hoch. Beim Körper ist der Kopf nicht erhaben, weil er die höchste Stelle des Körpers bildet, noch sind die Sohlen der Füße niedrig, weil sie die Erde berühren. Ebenso, wie die Glieder des einzelnen Körpers gleichwertig sind, so sind es auch die Glieder der Gesellschaft. Das ist Sozialismus.

Im Sozialismus stehen Fürst und Bauer, Reicher und Armer, Arbeitgeber und Arbeitnehmer auf der gleichen Ebene. In religiösen Begriffen ausgedrückt, gibt es in ihm keine Zweiheit. Er ist völlige Einheit. Doch wo immer auf der Welt wir die Gesellschaft betrachten, so ist da nichts als Zweiheit oder Vielheit. Einheit glänzt durch Abwesenheit. Dieser Mensch ist hoch, jener niedrig, dieser ist Hindu, jener Moslem, ein dritter Christ, ein vierter Parse, ein fünfter Sikh, ein sechster Jude. Selbst unter diesen gibt es noch Unterteilungen. In der Einheit, wie ich sie mir vorstelle, gibt es völlige Einheit bei Verschiedenheit der Gestaltung.

Um diesen Zustand zu erreichen, dürfen wir die Dinge nicht mit philosophischem Gleichmut ansehen und sagen, wir brauchen uns nicht zu rühren, ehe alle zum Sozialismus bekehrt sind. Wenn wir unser Leben nicht ändern, können

---

[34] Bevorzugung einheimischer Produkte.

wir ebenso gut fortfahren, Reden zu halten, Parteien zu gründen und uns wie ein Falke auf die Macht stürzen, wenn sich die Gelegenheit dazu bietet. Das ist kein Sozialismus. Je mehr wir ihn als ein Spiel um die Macht betrachten, desto weiter weicht er vor uns zurück.

Sozialismus beginnt mit dem ersten Bekehrten. Wenn es einen solchen gibt, so kann man der Eins Nullen hinzufügen, und die erste Null gilt dann für zehn, und jede weitere Zufügung zählt dann zehnmal so viel wie die vorherige Zahl. Wenn dagegen der Anfang eine Null ist, mit anderen Worten: Wenn niemand anfängt, so wird die Multiplizierung von Nullen auch nur den Wert Null ergeben.

Dieser Sozialismus ist lauter wie Kristall. Er fordert daher zu seiner Erreichung kristallklare Mittel. Unreine Mittel verunreinigen das Ziel. Fürst und Bauer werden nicht dadurch gleichgestellt werden können, daß man dem Fürsten den Kopf abschlägt, noch kann der Vorgang des Köpfens Arbeitgeber und Arbeitnehmer gleichstellen. Man kann Wahrheit nicht durch Unwahrhaftigkeit erreichen. Nur wahrhaftiges Verhalten kann Wahrheit erreichen. Sind Wahrheit und Gewaltfreiheit nicht Zwillinge? Die Antwort ist ein emphatisches "Nein". Gewaltfreiheit ist in Wahrheit eingebettet und umgekehrt. Daher hat man auch gesagt, sie seien die beiden Seiten ein und derselben Münze. Mag die Aufschrift auch jeweils verschieden sein, ihr Wert ist doch derselbe. Dieser gesegnete Zustand kann ohne vollkommene Reinheit unmöglich erreicht werden. Wer in Körper oder Geist unrein ist, trägt Unwahrheit und Gewalt in sich.

Deshalb sind nur aufrichtige Gewaltfreie und makellose Sozialisten imstande, in Indien und in der Welt eine sozialistische Gesellschaft zu schaffen. Meines Wissens gibt es kein Land auf der Welt, das rein sozialistisch ist. Ohne die oben beschriebenen Methoden kann es keine solche Gesellschaft geben.

Haridschan, 13. 7. 1947

Die Sozialisten und Kommunisten sagen, sie könnten nichts dazu tun, heute wirtschaftliche Gleichheit zu bewirken. Sie werden nur die Propaganda zu deren Gunsten weiterführen, und sie glauben dabei an die Entfachung und Schürung von Haß. Sie sagen, wenn sie die Kontrolle über den Staat bekämen, würden sie Gleichheit erzwingen. Nach meinem Plan wird der Staat dazu da sein, den Willen des Volkes auszuführen, nicht aber, ihm seinen Willen zu diktieren oder aufzuzwingen. Ich werde wirtschaftliche Gleichheit durch Gewaltfreiheit zuwege bringen, indem ich das Volk zu meinem Gesichtspunkt bekehre: Die Kräfte der Liebe als Gegenmittel gegen Haß zu pflegen. Ich werde nicht warten, bis ich die ganze Gesellschaft zu meiner Auffassung bekehrt habe, sondern geradewegs mit mir selbst beginnen. Überflüssig zu sagen, daß ich nicht hoffen kann, wirtschaftliche Gleichheit, wie ich sie mir vorstelle, zu verwirklichen, wenn ich fünfzig Autos oder auch nur drei Hektar Land besitze. Deshalb habe ich meinen Lebensstandard dem der Ärmsten der Armen anzugleichen. Das ist es, was ich in den letzten fünfzig Jahren oder länger versucht habe, und deshalb behaupte ich, ein erstklassiger Kommunist zu sein, obwohl ich von Autos und anderen Bequemlichkeiten Gebrauch mache, wenn sie mir von den Reichen angeboten werden. Sie können mich dadurch nicht fesseln; ich kann sie im Augenblick abschütteln, wenn die Interessen der Massen es erfordern.

Haridschan, 31.3.1946

Ich weiß nicht genau, was Bolschewismus bedeutet. Ich weiß nur, daß er mich, soweit er sich auf Gewalt und Gottesverleugnung gründet, abstößt. Ich glaube nicht an gewaltsame Abkürzungswege zum Erfolg. Diejenigen bolschewistischen Freunde, die mir Beachtung schenken, sollten wissen, daß ich, wie sehr ich auch lautere Motive bewundere und mit ihnen sympathisiere, ein kompromißloser Gegner gewaltsamer Methoden bin, selbst wenn sie der edelsten Sache dienen. Es gibt daher keine Ebene, auf der ich mich mit der Schule der Gewalt treffen könnte. Doch hindert mich mein Glaubensbekenntnis zur Gewaltfreiheit nicht nur nicht, mit Anarchisten[35] und all denen, die an Gewalt glauben, Umgang zu pflegen, es zwingt mich förmlich dazu. Dieser Umgang erfolgt jedoch ausschließlich mit dem Ziel, sie von dem, was mir als ihr Irrtum erscheint, abzubringen. Denn die Erfahrung hat mich gelehrt, daß Unwahrheit und Gewalt niemals etwas dauerhaft Gutes hervorbringen können. Selbst wenn mein Glaube eine von mir gehätschelte Wahnvorstellung sein sollte, wird man doch zugeben müssen, es ist eine faszinierende Wahnvorstellung.

Jung Indien, 11.12.1924

Ich möchte mich mit einem großen Übel befassen, das die Gesellschaft heute heimsucht. Der Kapitalist und der Großgrundbesitzer sprechen von ihren Rechten, der Arbeiter andererseits spricht von den seinen, der Fürst pocht auf sein gottgegebenes Recht zu herrschen, der indische Bauer auf sein Recht, ihm zu widerstehen. Wenn alle bloß auf ihren Rechten und keiner auf seinen Pflichten besteht, so wird es nur äußerste Verwirrung und völliges Chaos geben.

Wenn dagegen jedermann, anstatt auf seinen Rechten zu bestehen, seine Pflicht tun würde, so würde augenblicklich Ordnung in die menschlichen Verhältnisse einkehren. Sobald wir diese einfache und umfassende Regel auf Unternehmer und Arbeiter, Grundbesitzer und Pächter, Fürsten und Untertanen oder Hindus und Moslems anwenden, werden wir feststellen, daß in allen Le-

---

[35] Gandhi verwendet den Ausdruck hier im Sinne von "anarchistische Gewalttäter".

bensbereichen die glücklichsten Beziehungen hergestellt werden können, ohne Störungen und Erschütterungen im Privat- und Geschäftsleben hervorzurufen, wie man sie heute in Indien und anderen Teilen der Welt beobachten kann. Was ich das Gesetz des Satjagraha nenne, kann aus der Anerkennung von Pflichten und den daraus fließenden Rechten hergeleitet werden.

Was ist zum Beispiel die Pflicht eines Hindu gegenüber seinem moslemischen Nachbarn? Seine Pflicht besteht darin, ihm als Menschen Freundschaft zu erweisen, seine Freuden und Sorgen zu teilen und ihm in der Not zu helfen. Er hat dann das Recht, eine ähnliche Behandlung von seinem moslemischen Nachbarn zu erhoffen und er wird wahrscheinlich die erwartete Antwort erhalten. Doch angenommen die wenigen Moslems erwidern das korrekte Verhalten der vielen Hindus nicht und suchen bei jeder Gelegenheit Streit, so wäre das zweifellos ein Zeichen von Unmännlichkeit. Worin bestünde dann die Pflicht der Hindu-Mehrheit? Gewiß nicht darin, sie durch die rohe Kraft der vielen zu überwältigen, das wäre Anmaßung eines unverdienten Rechtes. Ihre Pflicht bestünde vielmehr darin, ihrem unmännlichen Benehmen Einhalt zu gebieten, so wie sie es bei ihren Blutsbrüdern machen würden.

Haridschan, 6. 7. 1947

Das Gesetz des Satjagraha ist universell anwendbar. Beginnend in der Familie kann seine Anwendung auf jeden anderen Kreis ausgedehnt werden. Angenommen, ein Landbesitzer beutet seine Pächter aus und betrügt sie um die Früchte ihrer Arbeit, indem er sie sich für den eigenen Gebrauch aneignet. Wenn sie ihm ernste Vorhaltungen machen, hört er ihnen nicht zu, sondern wendet ein, er brauche so viel für seine Frau, seine Kinder usw. Die Pächter oder diejenigen, die sich ihrer Sache angenommen haben und Einfluß besitzen, appellieren an seine Frau, bei ihrem Gatten zu protestieren. Sie würde wahrscheinlich sagen, sie brauche sein durch Ausbeutung erlangtes Geld nicht. Die Kinder würden ebenfalls sagen, sie verdienten das, was sie brauchen, lieber selbst.

Weiterhin angenommen, er hört auf niemanden oder seine Frau und seine Kinder verbünden sich mit ihm gegen die Pächter, so unterwerfen sich diese doch nicht. Sie verlassen vielmehr das Land, wenn sie dazu aufgefordert werden, aber sie stellen klar, daß das Land dem gehört, der es bestellt. Der Besitzer kann das ganze Land nicht selbst bestellen und wird daher ihren gerechten Forderungen nachgeben müssen. Es mag jedoch sein, daß die Pächter durch andere ersetzt werden. Dann wird die Agitation ohne Gewalt fortgesetzt, bis die neuen Pächter ihren Irrtum erkennen und mit den vertriebenen Pächtern gemeinsame Sache machen. Satjagraha ist folglich ein Vorgang der Erziehung der öffentlichen Meinung, solange, bis er die ganze Gesellschaft umfaßt und schließlich unwiderstehlich wird.

Die Bedingungen für einen erfolgreichen Satjagrahakampf sind:
1. Der Satjagrahi sollte keinen Haß gegen seinen Gegner im Herzen tragen.
2. Die Klage muß berechtigt und substantiell sein.
3. Der Satjagrahi muß bereit sein, bis zum Ende zu leiden.

Haridschan, 31.3.1946

Frage: Darf ein gewaltfreier Mann reich sein, und wenn er es darf, wie kann er seinen Reichtum gewaltfrei verteidigen?

Antwort: Er darf nicht reich sein, obgleich er Millionen besitzen mag, die er zu treuen Händen verwaltet. Sofern er unter Banditen und Dieben lebt, mag er sehr wenig besitzen, ja, wenig mehr als ein Lendentuch. Tut er das, so wird er sie bekehren.

In einem gewaltfreien Staat wird es nur sehr wenige Banditen geben. Für das Individuum gilt die goldene Regel, nichts als Eigentum zu besitzen. Wenn ich mich entschließe, unter den sogenannten kriminellen Stämmen zu wohnen und zu arbeiten, sollte ich ohne irgendwelchen Besitz zu ihnen gehen und für meine Nahrung und mein Obdach auf sie angewiesen sein. In dem Augenblick, wo sie fühlen, daß ich unter ihnen bin, um ihnen zu dienen, werden sie meine Freunde sein. Diese Haltung zeugt von wahrer Ahimsa.

Haridschan, 1.9.1940

"Sie haben die Reichen aufgefordert, sich als Treuhänder zu betrachten. Bedeutet das, sie sollten die privaten Eigentumsrechte an ihrem Besitz aufgeben und eine Stiftung gründen, die den gesetzlichen Anforderungen genügt und demokratisch verwaltet wird?"

In Antwort darauf sagte Gandhi, er stehe immer noch zu der Haltung, die er vor Jahren eingenommen habe, daß alles Gott gehöre und von Gott komme. Es war daher seinem Volk im ganzen zugedacht, nicht einem Einzelnen. Wenn ein Einzelner mehr gehabt habe, als den ihm zukommenden Anteil, so sei er für dieses Mehr zum Treuhänder für das Volk Gottes geworden.

Gott der Allmächtige habe es nicht nötig gehabt, Vorräte anzulegen. Er habe von Tag zu Tag geschaffen; daher sollten die Menschen in der Theorie ebenfalls von Tag zu Tag leben und keine Vorräte anlegen. Sobald die Menschen diese Wahrheit allgemein in sich aufnähmen, würde sie legal und Treuhänderschaft würde zu einer legalen Einrichtung. Er wünschte, sie würde zum Geschenk Indiens an die Welt. Dann gäbe es hinfort keine Ausbeutung mehr und keine Reservate für die Weißen und ihre Nachkommenschaft, wie in Australien und anderen Ländern. In diesen Unterschieden läge die Saat für einen Krieg, weit bösartiger als die beiden letzten.

Haridschan, 23. 2. 1947

"Viele altehrwürdige Zamindari[36]-Geschlechter gab es schon vor der Ankunft der Engländer", meinte der Freund. "Ihre souveräne Herrschaft war das Ergebnis eines einheimischen Sozial- und Wirtschaftssystems mit langer Tradition. Glauben Sie nicht, daß sie ein Recht haben, weiterzuleben? Sie versuchen nach Kräften, eine menschenfreundliche Rolle zu spielen, indem sie Erziehungs- und Sozialeinrichtungen gründen."

"Alles, was althergebracht und mit moralischen Werten vereinbar ist, hat ein Recht, erhalten zu bleiben", antwortete Gandhi. "Im Umkehrschluß, was mit moralischen Werten nicht vereinbar ist, muß verschwinden. Das Unrecht ersitzt sich kein Existenzrecht, bloß weil es eine lange Tradition hat. Wenn diejenigen, die auf Ihren Gütern leben, sich wie die Mitglieder einer Familie mit Ihnen eins und Sie sich eins mit ihnen fühlen, so haben Sie von niemandem etwas zu fürchten."

Haridschan, 28. 4. 1946

Wovon wollen die Massen befreit werden? Es genügt nicht, vage zu antworten: von Ausbeutung und Erniedrigung. Ist nicht die Antwort diese, daß sie die Stellung zu erlangen wünschen, die heutzutage das Kapital innehat? Wenn ja, so kann das nur durch Gewalt erreicht werden. Wenn sie aber die Übel des Kapitals zu vermeiden wünschen, dann müssen sie danach trachten, eine gerechtere Verteilung der Arbeitserträge zu erreichen. Das führt uns unmittelbar zur freiwillig übernommenen Selbstbescheidung und Einfachheit. Unter diesem neuen Gesichtspunkt wird das Lebensziel nicht darin bestehen, möglichst viele materielle Ansprüche verschwenderisch zu befriedigen, sondern vielmehr darin, diese Ansprüche so weit zu beschränken, wie es sich mit einem auskömmlichen Dasein verträgt. Wir müssen den Gedanken aufgeben, zu erraffen, was wir nur können, vielmehr müssen wir es ablehnen, etwas zu bekommen, das nicht jedermann erlangen kann. Es kommt mir so vor, als sollte es nicht schwer sein, erfolgreich in wirtschaftlichen Begriffen an die Massen Europas zu appellieren, und ein leidlich erfolgreicher Abschluß eines solchen Experiments müßte unabsehbaren und ungeahnten spirituellen Gewinn bringen. Ich glaube nicht, daß das spirituelle Gesetz in einem gesonderten Bezirk

---

[36] Großgrundbesitzer

wirkt. Im Gegenteil es betätigt sich nur durch das normale Handeln im Leben. Es beeinflußt so den wirtschaftlichen, den sozialen und den politischen Bereich. Wenn Europas Massen dazu überredet werden können, den von mir dargelegten Standpunkt anzunehmen, dann wird sich herausstellen, daß zur Erreichung ihrer Forderungen Gewalt völlig unnötig ist, und daß sie leicht zu ihrem Ziel kommen können, wenn sie die offenkundigen Folgerungen aus der Gewaltfreiheit beachten. Es kann sogar sein, daß das, was mir für Indien so natürlich und leicht zu bewerkstelligen scheint, länger brauchen wird, die trägen indischen Massen zu durchdringen als die tätigen europäischen Massen. Ich muß aber mein Bekenntnis wiederholen, daß meine Argumentation auf Voraussetzungen und Annahmen beruht und deshalb nicht absolut genommen werden darf.

Jung Indien, 3. 9. 1925

Wir erlangen Freiheit – als Individuum, als Nation oder als Welt – nur in dem Maße, wie wir Gewaltfreiheit erlangen. Laßt darum diejenigen, die überzeugt sind, Gewaltfreiheit sei die einzige Methode, wahre Freiheit zu erlangen, dafür sorgen, daß das Licht der Gewaltfreiheit inmitten des derzeitigen undurchdringlichen Dunkels hell leuchtet.

Jung Indien, 20. 5. 1926

Ich behaupte, Gewaltfreiheit ist nicht nur eine persönliche, sie ist ebenso eine soziale Tugend, die, wie andere Tugenden auch, gepflegt werden kann. Zweifellos ist die Gesellschaft in ihren wechselseitigen Beziehungen größtenteils gewaltlos organisiert. Ich fordere lediglich, diese Gewaltlosigkeit auf eine umfassendere nationale und internationale Ebene auszuweiten.

Haridschan, 7. 1. 1939

Frage: Hat das Spinnrad Amerika etwas zu sagen? Kann es als Waffe gegen die Atombombe dienen?

Antwort: Ich meine, es hat den USA und der ganzen Welt etwas zu sagen. Das ist jedoch unmöglich, solange Indien der Welt nicht gezeigt hat, daß es sich das Spinnrad zu eigen gemacht hat, was zur Zeit nicht der Fall ist. Das ist nicht die Schuld des Rades. Ich habe nicht den geringsten Zweifel, daß die Rettung Indiens und der ganzen Welt im Spinnrad liegt. Wenn Indien ein Sklave der Maschinen werden sollte, dann sage ich, kann nur noch der Himmel die Welt retten. Indien hat eine weit edlere Mission, nämlich Freundschaft und Frieden in der Welt zu schaffen. Frieden kann nicht allein durch Konferenzen geschaffen werden. Der Friede wird, wie wir alle sehen, bereits gebrochen, während die Konferenzen noch im Gange sind.

Frage: Es muß etwas gefunden werden, was die Zivilisation vor der Zerstörung bewahrt. Das Leben muß vereinfacht werden.

Antwort: Die menschliche Persönlichkeit kann auf andere Weise nicht überdauern. Ich stehe zu dem, was die Wendung "diesem Letzten will ich geben gleich wie dir"[37] beinhaltet. Wir müssen selbst diesem unserem geringsten Bruder so begegnen, wie wir uns wünschen, daß die Welt uns begegnen möge. Alle müssen die gleichen Entfaltungsmöglichkeiten besitzen. Unter dieser Bedingung ist jeder Mensch gleichermaßen fähig, geistig zu wachsen. Dafür steht das Spinnrad als Symbol.

Haridschan, 17. 11. 1946

Sicherlich ist es für die westliche Welt nicht nötig, die Lehre vom Spinnrad zu verkünden und praktisch zu üben, es sei denn, sie täte es aus Sympathie oder als Disziplin oder um ihre unvergleichliche Erfindungsgabe daran zu wenden, aus dem Spinnrad unter Beibehaltung seiner wesentlichen Eigenart als handwerkliches Werkzeug ein besseres Instrument zu machen. Doch die Botschaft des Spinnrades reicht viel weiter als der Umkreis seiner tatsächlichen Anwendung. Seine Botschaft ist eine solche der Einfachheit, des Dienstes an der Menschheit, eines Lebens, das anderen nicht weh tut, der Schaffung eines unlösbaren Bandes zwischen Reich und Arm, Kapital und Arbeit, Fürsten und Bauern. Diese Botschaft im weiteren Sinne wendet sich natürlich an alle.

Die Organisation der Maschinenwelt mit dem Ziel, Reichtum und Macht in den Händen weniger zu konzentrieren und die vielen auszubeuten, halte ich für durchaus unrecht. Vieles in der Organisation der Maschinenwelt unserer Tage gehört diesem Typus an. Die Verbreitung des Spinnrads ist ein organisierter Versuch, die Maschinenwelt aus dieser Lage der Exklusivität und Ausbeutung herauszubringen und ihr den ihr angemessenen Platz zuzuweisen. Nach meinem Plan werden daher die Menschen, die mit Maschinen zu tun haben, weder an sich selbst denken noch an die Nation, der sie angehören, sondern an das ganze Menschengeschlecht. Folglich werden die Arbeiter in Lancashire[38] aufhören, ihre Maschinen zur Ausbeutung Indiens und anderer Länder einzusetzen, sie werden vielmehr Werkzeuge erfinden, die es Indien ermöglichen, seine Baumwolle in seinen eigenen Dörfern zu Tuch zu verarbeiten. Ebensowenig werden die Amerikaner nach meinem Plan sich zu bereichern suchen, indem sie die

---

[37] Anspielung auf den Titel von John Ruskins Buch "Unto This Last" (Mt 20,24), das Gandhis ökonomisches Denken wesentlich beeinflußte.
[38] Die Textilfabrikanten von Lancashire verarbeiteten die aus Indien importierte Baumwolle und exportierten sie als Tuch wieder nach Indien, um sie dort mit Gewinn zu verkaufen. Auf diese Weise verursachten sie den Ruin der indischen Textilindustrie auf handwerklicher Basis.

anderen Völker der Erde durch ihre Erfingungsgabe ausbeuten.

Jung Indien, 17. 9. 1925

Man kann eine gewaltfreie Gesellschaft nicht auf eine Fabrikzivilisation gründen, sie kann jedoch auf selbstgenügsame Dörfer gegründet werden. Hitler hätte siebenhunderttausend gewaltfreie Dörfer nicht verwüsten können, selbst wenn er das gewollt hätte. Er wäre im Laufe dieses Prozesses selbst gewaltfrei geworden. Eine ländliche Wirtschaft, wie sie mir vorschwebt, kommt völlig ohne Ausbeutung aus, und Ausbeutung ist das Wesen der Gewalt. Man muß daher ländlich gesinnt sein, ehe man gewaltfrei sein kann, und ländlich gesinnt sein heißt, man muß an das Spinnrad glauben.

Haridschan, 4. 11. 1939

Ich glaube nicht, daß Industrialisierung auf jeden Fall für jedes Land notwendig ist, viel weniger noch für Indien. In der Tat glaube ich, daß Indien seine Pflicht einer stöhnenden Welt gegenüber nur erfüllen kann, wenn es ein einfaches, veredeltes Leben annimmt, indem es seine vielen tausend Dörfer entwickelt und im Frieden mit der Welt lebt. Hohes Denken ist unvereinbar mit dem komplizierten Leben, das auf der hohen Geschwindigkeit beruht, die uns die Mammonverehrung auferlegt. Das Leben in seiner ganzen Fülle zu leben, ist erst dann möglich, wenn wir die Kunst des edlen Lebens erlernen.

Ob solch ein einfaches Leben für eine isolierte Nation, sei sie auch geographisch und zahlenmäßig noch so groß, angesichts einer bis an die Zähne bewaffneten Welt und inmitten von Prunk und Üppigkeit möglich ist, ist eine Frage, die den Zweifel eines Skeptikers herausfordern mag. Die Antwort ist einfach. Wenn ein schlichtes Leben lebenswert ist, dann ist es auch den Versuch wert, selbst wenn sich nur ein Einzelner oder eine Gruppe darum bemüht.

Zugleich glaube ich, daß einige Schlüsselindustrien nötig sind. Ich glaube weder an Lehnstuhl- noch an bewaffneten Sozialismus[39]. Ich glaube, es lohnt sich, seinem Glauben gemäß zu handeln, ohne auf massenhafte Umkehr zu warten. Ohne diese Schlüsselindustrien im einzelnen aufzuzählen, würde ich daher in den Bereichen, wo eine große Zahl von Menschen zusammenarbeiten müssen, Staatseigentum befürworten. Das Eigentumsrecht der Arbeiter – ob gelernt oder ungelernt – am Produkt ihrer Arbeit würde ihnen durch den Staat garantiert. Doch da ich mir einen solchen Staat nur als auf Gewaltfreiheit gegründet vorstellen kann, würde ich die Geldbesitzer nicht zwangsweise enteignen, sondern sie einladen, beim Prozeß der Umwandlung von Privateigentum in Staatseigentum mitzuarbeiten. Es gibt keine Parias der Gesellschaft,

---

[39] Unübersetzbares Wortspiel: armchair or armed socialism.

gleichgültig ob Millionäre oder Bettler. Beide sind Symptome ein und derselben Krankheit.

Haridschan, 1. 9. 1946

Meine Vorstellung von dörflicher Selbstregierung sieht so aus, daß jedes Dorf im Hinblick auf seine lebenswichtigen Bedürfnisse eine selbständige Republik bildet, unabhängig von seinen Nachbarn und doch mit anderen Dörfern verflochten im Hinblick auf die vielen Bedürfnisse, bei denen Abhängigkeit notwendig ist. Daher wird sich jedes Dorf zunächst um den Anbau von Feldfrüchten für den Eigenbedarf und von Baumwolle für die eigene Tuchherstellung kümmern. Es sollte einen besonderen Bezirk für das Vieh sowie ein Erholungs- und Spielgelände für Kinder und Erwachsene geben. Sofern mehr Land zur Verfügung steht, wird das Dorf nützliche Feldfrüchte für den Verkauf anbauen, ausgenommen Tabak, Opium und dergleichen. Es wird ein Dorftheater, eine Schule und einen Versammlungsraum unterhalten. Es wird seine eigenen Wasserwerke besitzen, die die Versorgung mit sauberem Wasser gewährleisten. Das kann durch überwachte Brunnen oder Behälter geschehen. Die Grundschulerziehung wäre obligatorisch. Soweit wie möglich, würde jede Tätigkeit auf der Basis der Zusammenarbeit durchgeführt. Es gäbe keine Kasten mit ihrer abgestuften Unberührbarkeit, wie wir sie heute haben. Die Sanktionsmittel der Dorfgemeinschaft bestünden in der Gewaltfreiheit mit ihren Techniken des Satjagraha und der Nichtzusammenarbeit. Es gäbe einen obligatorischen Dienst von Dorfwächtern, die durch Rotation aus einem vom Dorf erstellten Verzeichnis ausgewählt würden. Die Dorfregierung würde von einem Fünferrat (Pantschajat) geleitet, der von den männlichen und weiblichen Erwachsenen, soweit sie minimale Qualitätsanforderungen erfüllen, jährlich gewählt würde. Diese fünf besäßen die ganze Autorität und die erforderliche Gerichtshoheit. Da es kein Strafsystem im herkömmlichen Sinn des Wortes gäbe, würde der Fünferrat in seinem Amtsjahr als Verbund aus Legislative, Judikative und Exekutive wirken.

Haridschan, 26. 7. 1942

Unabhängigkeit muß auf der untersten Stufe beginnen. Daher soll jedes Dorf eine Republik oder ein Pantschajat sein mit eigenständiger Befugnis. Daraus ergibt sich als Folge, daß jedes Dorf sich selbst unterhalten und fähig sein muß, seine Geschäfte selbst zu besorgen und sich notfalls gegen die ganze Welt zu verteidigen. Es muß darauf eingeübt und dazu vorbereitet werden, bei dem Versuch der Selbstverteidigung gegen jeden Anschlag von außen umzukommen. So ist es schließlich das Individuum, das die Einheit bildet. Das schließt die Abhängigkeit von oder die freiwillige Hilfe für Nachbarn oder die Welt nicht aus. Sie wird ein freies und freiwilliges Wechselspiel der Kräfte sein. Eine solche Gesellschaft besitzt notwendigerweise hohe Kultur, in der jeder Mann und jede Frau weiß, was er oder sie braucht, und, was mehr ist, weiß, daß niemand etwas brauchen sollte, was nicht andere bei gleicher Leistung auch haben können.

Natürlich muß sich diese Gesellschaft auf Wahrheit und Gewaltfreiheit gründen, was nach meiner Meinung nicht möglich ist, ohne einen lebendigen Glauben an Gott, will sagen: eine selbständige, allwissende, lebendige Kraft, die jeder anderen in der Welt bekannten Kraft innewohnt und von keiner abhängt und die am Leben bleiben wird, auch wenn alle anderen Kräfte untergehen oder unwirksam werden. Ich kann für mein Leben nicht einstehen ohne den Glauben an dieses allumfassende lebendige Licht.

In diesem aus zahllosen Dorfgemeinschaften sich zusammensetzenden Bau wird es Kreise geben, die sich stets erweitern, doch nie einen höheren Rang einnehmen. Das Leben wird nicht eine Pyramide sein, wobei die Spitze von der Basis getragen wird. Vielmehr wird es ein Kreis, weit wie der Ozean, sein, dessen Mitte das Individuum bilden wird, das stets bereit ist, für das Dorf zu sterben, und dieses bereit, für den Kreis von Dörfern zu sterben; so wird schließlich das Ganze ein Leben sein, gebildet aus Einzelteilen, die nie in ihrer Arroganz angriffslüstern sind, sondern sich stets damit bescheiden, daß sie an der Majestät des ozeanweiten Kreises teilhaben, dessen integrale Einheit sie bilden.

Der äußerste Umkreis wird daher nicht die Macht haben, das Kreisinnere zu bedrücken, sondern wird allem, was er umschließt, Macht geben und seine eigene Macht von ihm ableiten. Man kann mir vorwerfen, das alles sei utopisch und deshalb lohne es sich nicht, auch nur einen Gedanken daran zu verschwenden. Aber wenn Euklids Punkt, auch wenn er von keinem Menschen gezeichnet werden kann, einen unvergänglichen Wert besitzt, so besitzt mein Bild einen eigenen Wert für die künftige Menschheit. Möge Indien für dieses Ideal leben, auch wenn es niemals völlig verwirklicht werden kann. Wenn es je in Indien eine Republik jedes Dorfes geben soll, so behaupte ich, mein Entwurf sei richtig, worin der Letzte dem Ersten im Range gleich steht, oder, anders gesagt, keiner der Erste und keiner der Letzte ist.

In diesem Entwurf hat jede Religion ihren vollwertigen und gleichberechtigten Platz. Wir sind alle Blätter des einen majestätischen Baumes, dessen Wurzeln tief in das Erdinnere reichen und dessen Stamm selbst dem stärksten Sturme trotzt.

Es ist hier kein Raum für Maschinen, die die menschliche Arbeit verdrängen und Macht in wenigen Händen zusammenballen. Arbeit hat in einer kultivierten Menschenfamilie ihren einzigartigen Platz. Jede Maschine, die dem Einzelmenschen hilft, ist zugelassen. Doch ich muß gestehen, daß ich mir nie genaue Gedanken darüber gemacht haben, welcherlei Maschine das sein könnte. Ich dachte an so etwas wie Singers Nähmaschine. Doch auch das ist nur eine flüchtige Bemerkung. Ich brauche sie nicht, um meinen Entwurf zu vervollständigen.

Haridschan, 28. 7. 1946

30 Indien und sein gewaltfreies Erbe

Indien besitzt seit undenklichen Zeiten eine ununterbrochene Tradition der Gewaltfreiheit. Doch noch nie in seiner uralten Geschichte, soweit ich sie kenne, hat Gewaltfreiheit als wirkende Kraft das ganze Land durchdrungen. Dennoch ist es mein unterschütterlicher Glaube, daß es vom Schicksal dazu ausersehen ist, der Menschheit die Botschaft der Gewaltfreiheit zu verkünden. Es mag Generationen dauern, bis sie Früchte trägt. Doch soweit ich das beurteilen kann, wird kein anderes Land ihm bei der Erfüllung dieser Mission vorangehen.

Haridschan, 12. 10. 1935

Obgleich die Hindus gelehrt wurden, an Ahimsa zu glauben, haben sie in ihrer Masse die Kraft der Ahimsa nicht gezeigt, haben sie ihre Überlegenheit im Kampf gegen körperliche Kraft nie dargetan. Ich habe stets behauptet, Ahimsa sei in ihrem Kern jeder physischen Kraft, sei sie auch noch so überwältigend, überlegen, und ich habe weiterhin behauptet, diese Gewaltfreiheit könne von Einzelnen, von Gruppen, ja selbst von Millionen ausgeübt werden. Das Experiment ist noch im Gange. In den vergangenen zwanzig Jahren wurde jedoch genügend Beweismaterial gesammelt, um zu zeigen, daß es sich gelohnt hat.

Haridschan, 6. 1. 1940

31 Abschließende Bestandsaufnahme

"Wie können Sie die Verantwortung übernehmen für die wachsende Gewalt in Ihrem Volk seitens der politischen Parteien, die damit politische Ziele verfolgen? Ist das das Ergebnis von dreißig Jahren gewaltfreier Praxis mit dem Ziel, die englische Herrschaft zu beenden? Hat Ihre Botschaft der Gewaltfreiheit noch Gültigkeit für die Welt?"

Ich habe die Empfindungen meiner Briefpartner in meiner eigenen Sprache zusammengefaßt. Wenn ich darauf antworten soll, muß ich meinen Bankrott bekennen, nicht aber den der Gewaltfreiheit. Ich habe bereits zugegeben, daß die Gewaltlosigkeit, die in den vergangenen dreißig Jahren praktiziert wurde, die der Schwachen war. Ob diese Antwort genügt, müssen andere entscheiden. Weiterhin muß eingeräumt werden, daß eine solche Gewaltlosigkeit der Schwachen unter den veränderten Umständen wertlos geworden ist. Indien besitzt keine Erfahrung mit der Gewaltlosigkeit der Starken (Gewaltfreiheit). Es hat keinen Zweck, fortwährend zu wiederholen, daß die Gewaltlosigkeit der Starken die stärkste Kraft der Welt ist. Die Wahrheit verlangt eine ständige und umfassende Demonstration. Darum habe ich mich nach besten Kräften bemüht. Was tun, wenn das Ergebnis dieses Bemühens äußerst kläglich ausfällt? Lebe ich nicht womöglich in einem Narrenparadies? Warum sollte ich die Menschen auffordern, mir bei der fruchtlosen Suche zu folgen? Das sind relevante Fragen. Meine Antwort ist ganz einfach. Ich fordere niemanden auf, mir zu folgen. Jeder und jede sollte seiner oder ihrer inneren Stimme folgen. Wenn er oder sie keine Ohren hat, sie zu hören, so sollte er oder sie das tun, was in seinen oder ihren Kräften steht. Auf keinen Fall sollte er oder sie andere wie Schafe nachahmen.

Es gibt keine Hoffnung für die schmerzbeladene Welt, außer auf dem engen und geraden Pfad der Gewaltfreiheit. Millionen mögen wie ich dabei scheitern, die Wahrheit in ihrem Leben zu bezeugen. Das wäre dann ihr Scheitern, niemals jedoch das des ewigen Gesetzes.

Haridschan, 29. 6. 1947

Gandhi – eine Herausforderung für unsere Zeit

Die Friedensbewegung in Deutschland ist in der Krise. Das Ende des Kalten Krieges und die ihm folgenden politischen Herausforderungen – der Golfkrieg von 1991, die Bürgerkriege im ehemaligen Jugoslawien und in Somalia, die Debatte um die Beteiligung der Bundeswehr an friedenserhaltenden, friedensschaffenden oder friedenserzwingenden UNO-Missionen sowie Einsätzen außerhalb des Nato-Bündnisgebietes – spalten die Friedensbewegung. Gibt es Ausnahmesituationen, so lautet die Frage, die den Einsatz militärischer Gewalt zum Schutz der Menschenrechte nicht nur rechtfertigen, sondern ethisch gebieten? Wie sollen wir uns angesichts von Mord an Zivilisten, "ethnischen Säuberungen", Massenvergewaltigung von Frauen und Völkermord verhalten? Hat gewaltfreier Widerstand gegen einen Hitler oder einen Saddam Hussein überhaupt eine Chance? Kommt der Pazifismus hier nicht an seine Grenzen?

Wer die in diesem Büchlein gesammelten Texte liest, wird erkennen, daß solche Fragen nicht neu sind, daß die Antworten, die heute gegeben werden, jedoch weit hinter denen zurückbleiben, die Gandhi bereits vor fünfzig bis hundert Jahren gegeben hat.

Über den Streit in der Friedensbewegung kann sich nur wundern, wer keine Ahnung von ihrer ideologisch-politischen Zusammensetzung hat. Werfen wir daher zunächst einen Blick auf die Friedensbewegung der achtziger Jahre. Sie war, wie die Außerparlamentarische Opposition (APO) der späten sechziger und frühen siebziger Jahre, ein Bündnis aus höchst verschiedenen Gruppen, die sich auf die Verhinderung der "Nachrüstung" als kleinsten gemeinsamen Nenner verständigt hatten. Diese Vielfalt und Verschiedenartigkeit ist für soziale Massenbewegungen überhaupt charakteristisch. Sie macht ihre Stärke und zugleich ihre Schwäche aus. Zu den Schwächen gehört, daß sie sich nur in der Ablehnung einig sind, nicht aber im Hinblick auf konstruktive Alternativen zu dem, was sie ablehnen. Deshalb sind sie in dem Augenblick, in dem sie ihr Ziel erreicht haben oder gescheitert sind, von Spaltung und Zerfall bedroht.

Grob gesprochen setzte sich die Friedensbewegung der achtziger Jahre aus folgenden Gruppen zusammen:

– Diejenigen, die nur die Stationierung der neuen Mittelstreckenraketen (Pershing II und Cruise Missiles) im Westen ablehnten,

– diejenigen, welche sämtliche neuen Mittelstreckenraketen, also auch die sowjetische SS 20, ablehnten,

- diejenigen, welche lediglich Atomwaffen und andere Massenvernichtungsmittel ablehnten (Atompazifisten),
- diejenigen, welche nur das Militär im kapitalistischen Westen ablehnten (Kommunisten),
- diejenigen, die das Militär schlechthin ablehnten (Pazifisten),
- diejenigen, welche die militärische Verteidigung durch eine Soziale Verteidung ersetzen wollten,
- diejenigen, die nicht nur das Militär, sondern das bestehende staatliche und wirtschaftliche System überhaupt ablehnten (Anarchisten) und schließlich
- diejenigen, welche das gesellschaftliche System in Ost und West aufgrund ihrer gewaltfrei-libertär-anarchistisch-sozialistischen Einstellung (Graswurzelrevolutionäre) ablehnten.

Die Antwort dieser Gruppen auf die Herausforderungen des Golfkriegs, des Bürgerkriegs auf dem Balkan und in Somalia mußte, das versteht sich, ganz verschieden ausfallen. So ergaben sich neue Konstellationen und Kombinationen. So fanden sich Mitglieder der Friedensbewegung angesichts der Aggression des Irak gegen Kuwait zu ihrer eigenen Überraschung plötzlich im Lager von Präsident Bush und Bundeskanzler Helmut Kohl wieder, und Radikalpazifisten kämpften plötzlich an der Seite von Bundeswehrgenerälen gegen ein militärisches Eingreifen auf dem Balkan.

Die erste große Belastungsprobe für die Friedensbewegung war zweifellos der Golfkrieg. Darf die Aggression eines widerwärtigen Diktators – man denke nur an den Giftgasangriff auf Halabscha oder seine Drohungen gegen Israel – gegen das Ölscheichtum Kuwait von der Völkergemeinschaft tatenlos hingenommen werden? Viele Mitglieder der Friedensbewegung meinten, das sei schlechterdings unerträglich. Gegen einen "neuen Hitler" wie Saddam Hussein dürfe es keine neue Appeasementpolitik geben, so Hans Magnus Enzensberger und Wolf Biermann.

Andere wiederum sahen in der Politik des Westens gegenüber dem Irak Machtpolitik reinsten Wassers. Für sie ging es in dieser Auseinandersetzung in erster Linie um die Herrschaft über die Golfregion, wo zwei Drittel der Erdölreserven der Erde im Boden liegen. Es ging darum, wer diese Region beherrscht und damit langfristig den Ölpreis diktiert. Es ging darum, eine Möchtegern-Großmacht, die man im Krieg gegen Iran unterstützt und aufgerüstet hatte, einschließlich der Mitwirkung der deutschen Industrie beim Aufbau einer Giftgaswaffenproduktion, daran zu hindern, sich Zutritt zum Club der Atommächte zu verschaffen. Deshalb sei Saddam Hussein propagandistisch zum "neuen Hitler" aufgeblasen worden. Deshalb habe der amerikanische Präsident zu Beginn des Krieges verkündet: "Wir wissen eins: unsere Sache ist gerecht, moralisch und richtig"[1].

Doch auch Saddam Hussein sparte nicht mit großen Worten. Er rief die arabischen Völker zum Krieg gegen Israel und den amerikanischen Imperialismus auf, drohte mit Terroranschlägen in den westlichen Ländern und proklamierte schließlich den Heiligen Krieg gegen die Ungläubigen. Als sich der Propagandanebel nach dem Krieg allmählich lichtete, zeigte sich, daß die "Mutter der Schlachten" (Saddam) vor allem eine Schlacht der Lügen gewesen war[2].

Damit ist die Frage: Können gewaltlose Konfliktlösungsstrategien auch gegenüber einem Diktator vom Schlage eines Saddam Hussein erfolgreich eingesetzt werden, nicht vom Tisch. Sie verlangt eine Antwort. Darauf wird zurückzukommen sein.

Die nächste Herausforderung für die Friedensbewegung war und ist der Bürgerkrieg auf dem Balkan. Claudia Roth und Helmut Lippelt von den Grünen sprachen für viele, als sie nach einer Reise ins Kriegsgebiet im August 1992 ein militärisches Eingreifen der UNO zur Auflösung der Gefangenenlager und zum Schutz der Zivilbevölkerung forderten. Betroffenheit, Empörung, Zorn und Wut angesichts brutaler Menschenrechtsverletzungen und unvorstellbarer Grausamkeiten sind nur allzu begreiflich, desgleichen der Wunsch, die Täter zur Rechenschaft zu ziehen, vielleicht sogar Gleiches mit Gleichem zu vergelten. Wir dürfen uns jedoch durch Mitleid der Betroffenheit nicht um den Verstand bringen lassen, auch wenn Lessing meinte: "Wer über gewisse Dinge nicht den Verstand verliert, hat keinen zu verlieren." Der Krieg auf dem Balkan wirft Fragen auf, die eine Antwort fordern:

1. Führt militärisches Eingreifen nicht womöglich zu einem zweiten Vietnam oder einem zweiten Afghanistan, das heißt, zur grenzenlosen Steigerung des Blutvergießens? Das Gebirge bietet unzählige Schlupfwinkel und Verstecke, ein Teil der Bevölkerung ist im Guerillakrieg erfahren und aus der Tito-Zeit soll es zahlreiche Waffenlager im ganzen Land verstreut geben, die einen jahrelangen Guerillakrieg ermöglichen.

---

[1] Frankfurter Rundschau vom 5. 2. 1991, S. 14
[2] John R. McArthur: Die Schlacht der Lügen. Wie die USA den Golfkrieg verkauften. München 1993. Ramsay Clark: Wüstensturm. Bornheim-Merten 1993

2. Wie soll das Morden konkret verhindert werden? Ist es möglich, in jeder Stadt und in jedem Dorf Militäreinheiten zu stationieren, die den Frieden erzwingen? Wer kann das bezahlen und was geschieht, wenn die UNO-Truppen nach Monaten oder Jahren wieder abziehen? Fallen die Kriegsparteien dann nicht womöglich erneut übereinander her?

3. Was geschieht, wenn sie sich gegen die "Friedensstifter" verbünden, die damit zur Kriegspartei werden, und, nachdem sie sie vertrieben haben, den Krieg gegeneinander fortsetzen?

4. Und überhaupt, wer ist der Schuldige? Die rasche Antwort: "Die Serben!" ist zu einfach, auch wenn die Serben die Hauptschuldigen sein mögen. Nach allem, was wir wissen, kommen Menschenrechtsverletzungen bei allen Kriegsparteien vor.

5. Schließlich, wie will man gewährleisten, daß das militärische Eingreifen tatsächlich die Schuldigen und nicht wieder Unschuldige trifft, was dem Haß neue Nahrung gibt, sofern es überhaupt möglich ist, den Nebel aus Propaganda und Lüge zu durchdringen?

Diese und andere Fragen sollten befriedigend beantwortet sein, ehe an ein militärisches Eingreifen zu denken ist. Ist das Unternehmen nämlich gründlich schiefgegangen, der Karren in den Dreck gefahren, will natürlich niemand zu einem militärischen Eingreifen geraten haben. Der Erfolg hat bekanntlich viele Mütter und Väter, nur der Mißerfolg ist eine Waise. Wie schnell eine neutrale, von humanitären Absichten geleitete Friedenstruppe zur Kriegspartei werden kann, hat die UNO in Somalia vorexerziert. Der Weg zur Hölle ist nicht nur mit guten Vorsätzen, er ist auch mit guten Absichten gepflastert.

Aber auch hier bleiben Fragen an die Friedensbewegung. Gibt es nicht in der Tat Ausnahmesituationen, in denen die Androhung oder die Anwendung militärischer Gewalt tatsächlich Frieden erzwungen hat? Es wäre zu einfach, dies rundheraus zu bestreiten. Die Frage ist jedoch, welche Neben- und Fernwirkungen gehen von solcher Gewaltandrohung und -anwendung aus? Werden diese in die Rechnung einbezogen, sieht sie oftmals ganz anders aus. Dennoch müssen sich Pazifisten der Frage stellen: Wenn militärisches Eingreifen – aus welchen Gründen auch immer – nicht in Frage kommt, was dann? Ist humanitäre Hilfe, selbst wenn sie dem Nichtstun vorzuziehen ist, wirklich genug? Darauf werde ich noch zurückkommen.

War Gandhi ein Pazifist?

Manche Leser werden denken, die Frage könne nur rhetorisch gemeint sein. Sie ist es aber nicht.

Zunächst ein Wort zur Definition der Begriffe *Pazifismus, Bellizismus* und *Militarismus*. Unter Pazifismus soll hier die bedingungslose Ablehnung des Krieges als Mittel der Konfliktaustragung, unter Bellizismus die Befürwortung des Krieges als eines letzten Mittels zur Verteidigung von Menschen- und Bürgerrechten, von Demokratie und Freiheit, von Volk und Land verstanden werden. Unter Militarismus dagegen soll der bedenkenlose Einsatz militärischer Gewaltmittel zur Durchsetzung politischer, wirtschaftlicher oder weltanschaulicher Ziele verstanden werden. Militarismus ist folglich etwas anderes als Bellizismus.

War Gandhi in dem hier definierten Sinne ein Pazifist? Die Antwort lautet: Ja und Nein. War er ein Bellizist? Die Antwort lautet wiederum: Ja und Nein. War er ein Militarist? Hier ist die Antwort eindeutig: Mit Sicherheit nicht. Gandhi hat sich, daran gibt es keinen Zweifel, am Krieg beteiligt, wenn auch nicht als Kombattant, sondern als Sanitäter bzw. Leiter eines indischen Sanitätskorps auf seiten der Engländer im Burenkrieg (1898–1900) und im sogenannten Zulu-Aufstand von 1906. Er hat, schlimmer noch, während des Ersten Weltkriegs unter seinen Landsleuten Rekruten für die britische Armee geworben, und er hat schließlich energisch ein Gesetz der englischen Kolonialregierung bekämpft, das den Indern das Tragen von Waffen verbot. War er demnach ein Bellizist? Keineswegs. Es gibt eine überwältigende Fülle von Äußerungen, in denen er Krieg und Gewalt als Mittel der Konfliktaustragung aus religiösen, ethischen und pragmatischen Gründen ablehnt. Ist das nicht ein vollendeter Widerspruch? Europäische Pazifisten, wie der Holländer Bart de Light, haben ihm diesen Widerspruch denn auch vorgehalten[3]. Gandhi, der gewöhnlich keinen Augenblick zögerte, einen Irrtum oder Fehler zuzugeben, wenn er ihn als solchen erkannte, hat sich gegen diesen Vorwurf verteidigt und bestritten, es handele sich um einen Widerspruch oder eine Unstimmigkeit. Des Rätsels Lösung liegt darin, daß hier westliches und östliches Denken aufeinanderprallen. Das westliche Denken ist ein Denken in Gegensätzen. Das östliche Denken, wie Gandhi es repräsentiert, zielt dagegen auf die Überwindung der Gegensätze. Für Gandhi gab es daher keine starre Konfrontation zwischen Pazifismus und Bellizismus. Er löste sie auf in einen Entwicklungsprozeß. Er unterschied vier Entwicklungsphasen oder -stufen:

---

[3] Gernot Jochheim: Antimilitaristische Aktionstheorie. Soziale Revolution und Soziale Verteidigung. Frankfurt a. M. 1977, S. 338–347

1. Die hilflose Unterwerfung unter die Gewaltandrohung oder -anwendung des Angreifers.
2. Gewaltsamer Widerstand gegen Unrecht und Gewalt.
3. Gewaltloser (passiver) Widerstand und
4. Gewaltfreier (aktiver) Widerstand gegen Unrecht und Gewalt.

Auf den Unterschied zwischen gewaltlosem (passivem) und gewaltfreiem (aktivem) Widerstand soll später eingegangen werden.

Wer von der hilflosen, feigen Unterwerfung zum gewaltsamen Widerstand gegen Unrecht und Gewalt übergeht, tut einen Schritt in die richtige Richtung. Er sollte allerdings nicht dabei stehen bleiben, sondern in der gleichen Richtung weiterschreiten zum gewaltlos-passiven und schließlich zum gewaltfrei-aktiven Widerstand. Gandhi kann deshalb auch sagen: "Ich glaube, daß ich da, wo es nur die Wahl zwischen Feigheit und Gewalt gibt, zur Gewalt raten würde."

Dieser Satz wird von Bellizisten häufig zitiert, um Gandhi für ihre Position zu vereinnahmen. Sie vergessen dabei allerdings regelmäßig den später folgenden Satz: "Aber ich glaube, daß Gewaltfreiheit der Gewalt unendlich überlegen ist."

Gandhi hat für sich selbst eine solche Entwicklung vom Feigling zum gewaltfreien Kämpfer in Anspruch genommen und er billigte sie auch jedem anderen zu:

"Meine Gewaltfreiheit erlaubt es nicht, vor der Gefahr wegzulaufen und seine Lieben ohne Schutz zu lassen. Wenn die Wahl zwischen Gewalttätigkeit und feiger Flucht zu treffen ist, dann ziehe ich Gewalttätigkeit vor. Ich kann einem Feigling nicht mehr Gewaltfreiheit predigen als ich einen Blinden dazu verführen kann, schöne Gegenden anzusehen. Gewaltfreiheit ist der Gipfel der Tapferkeit. Ich hatte keine Schwierigkeit, Leuten, die in der Schule der Gewalt aufgewachsen waren, die Überlegenheit der Gewaltfreiheit zu beweisen. Als Feigling, der ich jahrelang war, hielt ich mich an Gewalt. Ich begann Gewaltfreiheit erst dann zu schätzen, als ich meine Feigheit aufgab."

Jung Indien, 28. 5. 1924

Sicherlich wird nicht jede oder jeder auf der untersten Stufe, der Feigheit, beginnen. Auch ist es nicht nötig, die zweite Phase in der Weise zu absolvieren, daß man zum Gewehr greift und in den Krieg zieht. Es geht vielmehr darum, sie existentiell zu durchlaufen, das heißt, die Bereitschaft und die Fähigkeit zu entwickeln, sich gegen Unrecht und Gewalt zu wehren – wenn nötig mit Gewalt.

Gandhis Ablehnung der Gewalt als eines Mittels der Konfliktaustragung ist entschieden und kompromißlos, aber sie ist nicht dogmatisch[4]:

"Ich glaube nicht daran, daß Gewalt ein kürzerer Weg zum Erfolg ist... Auch wenn ich für ehrenhafte Beweggründe Sympathie und Bewunderung empfinde, so lehne ich doch kompromißlos alle Gewaltmethoden ab, selbst wenn sie der edelsten Sache dienen... Die Erfahrung hat mich gelehrt, daß aus Unwahrheit und Gewalt niemals auf Dauer Gutes entstehen kann."

Gandhi lehnt Gewalt nicht nur aus religiösen und ethischen, sondern gleichermaßen aus praktischen und pragmatischen Gründen ab. Gewalt ist seiner Meinung nach ein untaugliches Mittel der Konfliktlösung, sofern das Ziel darin besteht, einen Konflikt dauerhaft und für alle Beteiligten befriedigend zu lösen. Letzteres ist von entscheidender Bedeutung. Besteht nämlich das Ziel darin, Macht, Reichtum und Privilegien zu erwerben, oder als Nation Territorium und Märkte zu erobern und gegen berechtigte Ansprüche zu verteidigen, so geht das nur durch offene oder verdeckte Gewalt. Gewaltfreiheit ist dazu völlig ungeeignet. Andererseits ist Gewalt ein untaugliches Mittel, um Frieden und Freiheit, wahre Demokratie und Menschenrechte zu erkämpfen oder zu verteidigen. Das ist nur durch Gewaltfreiheit möglich. Für Gandhi besteht folglich ein enger Zusammenhang zwischen Mittel und Zweck, Weg und Ziel. Er ist so eng wie der zwischen Same und Pflanze. So wie aus einer Kastanie niemals ein Apfelbaum entsteht und aus einem Apfelkern niemals ein Kastanienbaum (auch nicht im Zeitalter der Gentechnik), so kann ein böses Mittel niemals einem guten Zweck dienen und ein gutes Mittel niemals einen bösen Zweck erfüllen. Weg und Ziel, Mittel und Zweck müssen vielmehr übereinstimmen, soll das Ziel erreicht, der Zweck erfüllt werden. Gandhi würde folglich der bekannten machiavellistischen Devise: der Zweck heiligt die Mittel, entschieden widersprechen. Es sind also nicht allein religiöse und ethische Grundsätze, die seinem Nein zur Gewalt zugrunde liegen, es ist die pragmatische Einsicht, daß Gewalt ein untaugliches Mittel ist, um die genannten Ziele zu erreichen.

Der Zweck-Mittel-Zusammenhang ist nach Gandhis Überzeugung unauflösbar. Genau das wird von Bellizisten mit immer neuen Argumenten bestritten. Sie sagen, Völkermord, ethnische Säuberungen und Massenvergewaltigung von Frauen zwingen, wenn alle anderen Mittel versagen, eben auch zu militärischem Eingreifen. Hier werden oftmals falsche Fronten aufgebaut, so als lautete die Alternative: militärisches Eingreifes oder Nichteingreifen, also passives, hilfloses Zuschauen, wenn Menschen erniedrigt, gequält und getötet werden. Selbstverständlich soll und muß eingegriffen werden, selbst wenn die-

---

[4] Richard Attenborough (Hrsg.): Mahatma Gandhi. Ausgewählte Texte. München 1983, S. 57

jenigen, die sich dazu entschließen, Leib und Leben riskieren. Der Streit geht allein darum, wie, das heißt mit welchen Mitteln, eingegriffen werden soll. Ist es sinnvoll und hilfreich, Öl ins Feuer zu gießen? Denn darauf läuft militärisches Eingreifen letztlich hinaus. Gewaltfreiheit ist dagegen ein geeignetes Konfliktlösungsmittel, so wie Wasser ein geeignetes Löschmittel ist, es sei denn, es handle sich um einen Natrium- oder Kaliumbrand.

Es gibt keinen Grund, an der Lauterkeit der Motive zu zweifeln, die manche Mitglieder der Friedensbewegung und der Grünen dazu treiben, ein militärisches Eingreifen der UNO zum Schutz der Zivilbevölkerung im ehemaligen Jugoslawien zu fordern. Manchmal sind es aber auch gemischte Motive, welche die Befürworter militärischer Gewaltanwendung bestimmen und nicht selten werden hohe und höchste Ideale zynisch als Deckmantel für handfeste politische, wirtschaftliche und ideologische Interessen gebraucht. Der Golfkrieg bietet dafür ein eindrucksvolles Beispiel aus jüngster Zeit.

Überhaupt wird nirgends so viel gelogen und betrogen – auch sich selbst belogen und betrogen –, wie bei der Rechtfertigung von Zwang und Gewalt. Kein Krieg und keine Strafexpedition, die nicht mit guten Gründen, lauteren Motiven und hohen Zielen begründet worden wäre. Fast möchte man sagen: Je schmutziger die Mittel, die zur Anwendung kommen, desto höher die Ziele und desto reiner die Ideale, deren Verwirklichung sie angeblich dienen. Es ist noch nicht lange her, da waren die Supermächte bereit, zur Verteidigung des Friedens (Ost) oder der Freiheit (West) alles höhere Leben auf diesem Planeten auszulöschen. Demgegenüber betont Gandhi: Reine Ziele erfordern reine Mittel, unreine Ziele unreine Mittel und gemischte Ziele gemischte Mittel zu ihrer Verwirklichung. Der erste Schritt zur Überwindung der Gewalt besteht folglich darin, selbstkritisch die eigenen Motive und Ziele zu prüfen.

Gandhis Haltung kann folglich als *Synthese von Pazifismus und Bellizismus begriffen werden*. Genauer, sie vereinigt in sich die positiven Aspekte des Pazifismus und des Bellizismus und vermeidet deren negative Aspekte. Sie vereint den Mut, die Disziplin, die Leidens- und Opferbereitschaft des Bellizisten mit dem Gewaltverzicht, der Aufrichtigkeit und Lauterkeit des Pazifisten, und sie vermeidet die unreinen Mittel, mit denen der Bellizist sich die Hände beschmutzt, wie auch die Hilflosigkeit des Pazifisten angesichts rücksichtsloser Gewaltandrohung und -anwendung. Gandhi war, wenn man so will, ein gewaltfreier Kämpfer, ja, noch zugespitzter, ein gewaltfreier Krieger. Er war Pazifist und Bellizist in einer Person und zugleich weder das eine noch das andere.

Gandhis Haltung schließt freilich eine kritische Anfrage an Bellizisten wie Pazifisten ein. Die Anfrage an die Bellizisten lautet: Gewaltsamer Widerstand ist zweifellos besser als feige, hilflose Unterwerfung unter den Aggressor oder Unterdrücker. Solange Ihr überzeugt seid, daß Ihr Menschenrechte, Demokratie und Freiheit mit Gewalt erkämpfen oder verteidigen könnt, sollt Ihr es tun. Insofern haben wir keinen Streit. Doch seid Ihr wirklich sicher, daß der gute Zweck die bösen Mittel rechtfertigt? Seid Ihr sicher, daß Gewalt durch größere Gewalt überwunden werden kann? Hat der Versuch, Gewalt durch größere Gewalt zu überwinden oder durch Gewaltandrohung dauerhaft in Schranken zu halten, nicht zu neuer und immer größerer Gewalt geführt? Hat er die Menschheit nicht dahin gebracht, wo sie heute steht: am Abgrund der Selbstvernichtung?

Die Anfrage an die Pazifisten lautet: Ich anerkenne Eure bedingungslose Ablehnung des Krieges, aber, war sie nicht oft genug ein Deckmantel für Schwäche, Passivität und Feigheit? Es gibt in der Bundesrepublik Hunderttausende von Kriegsdienstverweigerern, doch wo sind sie, wenn es darum geht, Konflikte gewaltfrei zu lösen, Unrecht und Gewalt zu bekämpfen? Ist der Vorwurf der Drückebergerei, gegen den Ihr Pazifisten Euch so vehement verwahrt, am Ende nicht doch berechtigt?

Der amerikanische Jesuitenpater und Friedensaktivist Daniel Berrigan hat dieses Dilemma mit eindringlichen Worten beschrieben[5]:

"Wir nennen uns Friedensstifter, doch wir waren – aufs Ganze gesehen – nicht bereit, einen nennenswerten Preis dafür zu bezahlen. Und weil wir den Frieden mit halbem Herzen und halbem Leben wollen, geht der Krieg natürlich weiter, denn das Kriegführen ist seiner Natur nach total, doch das Friedensstiften ist aufgrund unserer Feigheit partiell. So gewinnt ein ganzer Wille, ein ganzes Herz und ein ganzes nationales Leben, auf Krieg aus, Oberhand über das kraftlose, zögernde Wollen des Friedens. In jedem nationalen Krieg seit Gründung der Republik hielten wir es für selbstverständlich, daß der Krieg die härtesten Kosten auferlegt und daß diese Kosten mit freudigem Herzen bezahlt werden sollten. Wir halten es für selbstverständlich, daß in Kriegszeiten Familien für lange Zeit getrennt, Männer eingesperrt, verwundet, in den Wahnsinn getrieben, an fremden Stränden getötet werden. Vor solchen Kriegen erklären wir ein Moratorium für jede normale menschliche Hoffnung – für Ehe, Gemeinschaft, Freundschaft, für moralisches Verhalten gegenüber Fremden und Unschuldigen. Wir werden belehrt, daß Entbehrung und Disziplin, privates Leid und öffentlicher Gehorsam unser Los sind. Und wir gehorchen. Und wir

---

[5] Daniel Berrigan: Leben ohne Repression. Ein Jesuit verändert die Gesellschaft. München 1970, S. 56 f

erleiden es – denn leiden müssen wir –, denn Krieg ist Krieg, und guter Krieg oder schlechter, wir haben ihn und seine Kosten auf dem Hals.

Doch was ist der Preis des Friedens? Ich denke an die guten, ehrbaren, friedliebenden Leute, die ich zu Tausenden kenne, und ich frage mich: Wie viele leiden an der zehrenden Krankheit der Normalität, so daß, selbst wenn sie sich zum Frieden bekennen, ihre Hände in instinktivem Krampf in Richtung ihrer Angehörigen, in Richtung ihres Komforts, ihres Heims, ihrer Sicherheit, ihres Einkommens, ihrer Zukunft, ihrer Pläne greifen – des Fünfjahresplans für das Studium, des Zehnjahresplans für die berufliche Stellung, des Zwanzigjahresplans für das familiäre Wachstum und die familiäre Eintracht, des Fünfzigjahresplans für ein anständiges Berufsleben und eine ehrenvolle Entlassung in den Ruhestand. 'Natürlich wollen wir den Frieden', so rufen wir, 'doch zugleich wollen wir die Normalität, zugleich wollen wir nichts verlieren, wollen wir unser Leben unversehrt erhalten, wollen wir weder Gefängnis, noch schlechten Ruf, noch die Zerreißung persönlicher Bindungen'. Und weil wir dieses erlangen und jenes bewahren müssen, und weil der Fahrplan unserer Hoffnungen um jeden Preis – um jeden Preis – auf die Minute eingehalten werden muß, weil es unerhört ist, daß im Namen des Friedens ein Schwert niederfahren soll, das jenes feine und kluge Gewebe, das unser Leben gesponnen hat, zertrennt, weil es unerhört ist, daß gute Menschen Unrecht leiden sollen, Familien getrennt werden oder der gute Ruf dahin ist – deswegen rufen wir Friede und rufen Friede, und da ist kein Friede. Da ist kein Friede, weil da keine Friedensstifter sind. Es gibt keine Friedensstifter, weil das Friedenstiften mindestens so kostspielig ist wie das Kriegführen – mindestens so anspruchsvoll, mindestens so zerreißend, mindestens so geeignet, Schande, Ärger und Tod nach sich zu ziehen."

Müssen solche Sätze nicht jeden Pazifisten zutiefst betroffen machen? Und wenn Gandhi davon spricht, gewaltfreie Krieger müßten die *Kunst des Sterbens* erlernen, wie Soldaten die *Kunst des Tötens*, so mag das für manche Pazifisten etwas Beängstigendes, Befremdliches, ja Abstoßendes haben.

Gandhi würde dem unlängst verstorbenen Wiener Philosophen und Schriftsteller Günther Anders zustimmen, welcher meinte, im Kampf gegen die Vorbereitung und schließliche Durchführung des denkbar größten Verbrechens, des Mordes an der Menschheit und allem höheren Leben auf diesem Planeten in einem mit Atomwaffen ausgetragenen Weltkrieg, sei es mit Händchenhalten, Liedchensingen, Blümchenüberreichen und dem Gespräch von Mensch zu Mensch nicht getan[6]. Er würde Anders allerdings entschieden widersprechen, wenn er – aus Verzweiflung über die anscheinende Wirkungslosigkeit aller anderen Widerstandsmethoden – zum Terror gegenüber den regierenden Atomterroristen aufruft. Für ihn gibt es keinen Zweifel, daß es bessere Methoden als den individuellen oder kollektiven Terror gibt:

"Gewaltfreiheit ist die größte Macht, die der Menschheit in die Hand gegeben ist. Sie ist mächtiger als die mächtigste Zerstörungswaffe, die Menschengeist je ersonnen hat. Zerstörung ist nicht das Lebensgesetz des Menschen. Der Mensch lebt frei aufgrund seiner Bereitschaft zu sterben, wenn es sein muß auch durch die Hand seines Bruders, nicht aber aufgrund seiner Bereitschaft zu töten. Jeder Mord und jede Verletzung, die einem anderen zugefügt wird, gleich aus welchem Grunde, ist ein Verbrechen an der Menschheit."

Haridschan, 20. 7. 1935

Das Image eines Einzelnen, einer Gruppe oder eines Volkes formt sich auf lange Sicht aus seinen bzw. ihren Taten. Wären die Pazifisten stets zur Stelle, wenn es gilt, Konflikte zu lösen und Bedrohungen der Menschen- und Bürgerrechte, der sozialen Gerechtigkeit, der Demokratie und der Freiheit abzuwehren und dabei Leib und Leben zu riskieren, so gäbe es viele kritische Fragen, die heute mit Recht an sie gerichtet werden, überhaupt nicht.

Gewalt, Gewaltlosigkeit und Gewaltfreiheit

Wie ich im vorigen Abschnitt festgestellt habe, unterscheidet Gandhi vier Entwicklungsphasen auf dem Weg zur Gewaltfreiheit:

1. Die hilflose, feige Unterwerfung unter den Willen des Angreifers oder Unterdrückers,

2. den gewaltsamen Widerstand,

3. den (relativ) gewaltlosen Widerstand und schließlich

4. den gewaltfreien Widerstand gegen Unrecht und Gewalt.

Was ist damit gemeint? Die Diskussion um Gewalt, Gewaltlosigkeit und Gewaltfreiheit ist durch ein begriffliches Chaos belastet, da fast jede und jeder unter diesen Begriffen etwas anderes versteht. Das hat unabsehbare Mißverständnisse, Unterstellungen und Polemiken zur Folge. Es ist daher unerläßlich, die

---

[6] Günther Anders: 10 Thesen zu Tschernobyl. In: IPPNW-Rundbrief Nr. 18, Juli 1986, S. 4 f. Derselbe: Gewalt – ja oder nein. Eine notwendige Diskussion. München 1987, S. 144 f, 153

Begriffe zu klären. Selbstverständlich kann eine solche Begriffserklärung nicht für alle verbindlich gemacht werden. Ich kann nur versuchen herauszuarbeiten, wie Gandhi die Begriffe Gewalt, Gewaltlosigkeit und Gewaltfreiheit verstand.

Im Deutschen ist Gewalt ein überaus ungenauer, ja schwammiger Begriff. Unsprünglich bezeichnete er wohl jede Art von starker Kraftäußerung oder Krafteinwirkung. Die Rechtsprechung der Nachkriegszeit hat den Gewaltbegriff jedoch so sehr "vergeistigt", daß heute auch das demonstrativ friedliche Sich-auf-die-Straße-Setzen, um das reibungslose Funktionieren der atomaren Massenmordmaschine zu behindern von den Gerichten als Gewalt bezeichnet wird. So kommt es, daß die potentielle Vernichtung allen höheren Lebens auf der Erde und der demonstrativ friedliche Widerstand dagegen mit ein und demselben Wort, nämlich Gewalt, bezeichnet wird. Doch damit nicht genug. Da jede starke Kraftäußerung oder -einwirkung als Gewalt bezeichnet werden kann, ist jeder, der Holz spaltet, ein baufällig gewordenes Haus abreißt oder auch nur einen Maschendrahtzaun mit einer Drahtschere durchschneidet, ein Gewaltanwender. Gewalt in diesem Sinne ist ein ethisch neutraler Begriff.

Im Vergleich zum deutschen ist der romanische Gewaltbegriff schon sehr viel präziser. Violence, violenzia gehen auf das lateinische violentia zurück, das Verletzung, Heftigkeit, Gewalttätigkeit bedeutet. Aber auch diese Definition befriedigt nicht ganz. Auch der Chirurg verletzt den Patienten, jedoch mit dessen Einwilligung und dem Ziel, ihn zu heilen. Es wäre daher unangemessen, sein Handeln als Gewalt zu bezeichnen, sofern wir darunter ein Verhalten verstehen wollen, das vermieden, vielleicht sogar moralisch verurteilt werden soll. Die Verletzung erfolgt ja nicht, um Leben zu schädigen oder zu zerstören, sondern in der Absicht, Leben zu fördern und zu erhalten. Es kommt folglich noch etwas hinzu, das aus dem Verletzen von Lebewesen Gewalt macht, der Wille nämlich, zu schädigen oder zu töten, der Wille, sich auf Kosten fremden Lebens zu erhalten oder zu behaupten. Der Wille zur Selbstbehauptung ist zwangsläufig mit der Tötung von pflanzlichem und tierischem Leben verbunden, u.U. auch mit der Verletzung oder Tötung von Menschen. Wir müssen zumindest pflanzliches Leben zerstören, um uns zu ernähren. Aber auch jede Bodenbearbeitung, jede "Schädlingsbekämpfung" ist mit der Vernichtung tierischen Lebens verbunden, ja selbst ein erholsamer Waldspaziergang, denn wir zertreten dabei zwangsläufig Kleinlebewesen und Pflanzen. Desgleichen nötigt uns der Wille zur individuellen und kollektiven Selbstbehauptung bei einem Angriff auf unser Eigentum oder unser Leben, andere Menschen zu verletzen oder zu töten.

Solange wir leben, ist es unmöglich, auf Gewalt in diesem Sinne gänzlich zu verzichten. Es macht jedoch einen Unterschied, ob wir die Gewaltanwendung auf das unerläßliche Mindestmaß beschränken, das zur Aufrechterhaltung unserer physischen Existenz nötig ist, oder ob wir fremdes Leben beeinträchtigen und vernichten, um uns selbst auf dessen Kosten zu behaupten und zu entfalten, oder ob wir gar mutwillig, zur Befriedigung entarteter Triebe fremdes Leben schädigen oder zerstören.

Wenn wir Gewalt verstehen als eine negative Kraft, die Leben schädigt oder zerstört, dann ist Gewaltlosigkeit der bewußte Verzicht auf Leben schädigendes oder zerstörendes Verhalten. Dabei ist zwischen relativem und absolutem Gewaltverzicht zu unterscheiden. Relativer Gewaltverzicht bedeutet möglichst weitgehender Verzicht auf Leben schädigendes oder zerstörendes Verhalten, absolute Gewaltlosigkeit ist gleichbedeutend mit dem Verzicht auf Leben überhaupt, denn wir müssen zumindest pflanzliches Leben zerstören, um uns zu ernähren.

Gandhi verwendet für Gewalt das Sanskritwort *himsa* und für Gewaltlosigkeit *ahimsa*. Ahimsa ist ein Kompositum aus dem verneinenden Partikel a (nicht) und himsa (Gewalt). Ahimsa bedeutet folglich wörtlich übersetzt: Nichtgewalt, Gewaltverzicht, Gewaltlosigkeit.

Wir können Gandhis Verständnis von Gewalt (himsa) und Gewaltlosigkeit (ahimsa) nur begreifen, wenn wir uns das geistig-religiöse Milieu vergegenwärtigen, aus dem er kam. Er war, namentlich durch seine Mutter, eine tiefgläubige Hindu und strenge Vegetarierin, vom Dschainismus beeinflußt. Der Dschainismus ist eine Religion, als deren Stifter Mahawira, ein Zeitgenosse Buddhas, gilt[7]. Die Dschaina erheben Ahimsa, das Nichtverletzen von Lebewesen, zum obersten ethischen Gebot. Sittliches Handeln, Askese und Meditation führen zur Läuterung in unzähligen Wiedergeburten und, wenn alle Materie aus der Seele geschwunden ist, zur Erlösung. Die Dschaina sind von der Einheit und Heiligkeit allen Lebens überzeugt. Es gab Dschaina-Mönche, die ihre Nahrung auf ein Minimum an pflanzlicher Kost beschränkten, sich ein Tuch vor den Mund banden, um keine Insekten einzuatmen, und den Weg vor ihren Schritten fegten, um keine Kleinlebewesen zu zertreten.

Während im Dschainismus der Begriff Ahimsa vorwiegend negativ bestimmt ist als Gewaltverzicht oder Gewaltlosigkeit, wird er bei Gandhi positiv

---

[7] Kurt Titze (Hrsg.): Keine Gewalt gegen Mensch, Tier, Pflanze. Worte des Furtbereiters Mahavira. Berlin 1993

bestimmt[8]:

> "Ich glaube, daß der Mensch, da ihm nicht gegeben ist, etwas zu erschaffen, nicht das Recht hat, auch nur die kleinste Kreatur, die da lebt, zu zerstören. Das Vorrecht der Vernichtung gehört einzig und allein dem Schöpfer alles Lebendigen. Ich nehme gern die Auslegung von Ahimsa an, derzufolge Ahimsa nicht bloß einen negativen Zustand bedeutet, nämlich Unfähigkeit, Böses zu tun, sondern einen positiven Zustand, das heißt Liebe zu erweisen und Gutes zu tun, sogar dem Missetäter. Doch bedeutet es nicht, dem Übeltäter in seinem ungerechten Werke beizustehen oder es in schweigender Duldung hinzunehmen. Im Gegenteil, die Liebe als aktive Qualität von Ahimsa verlangt, dem Übeltäter zu widerstehen, indem man sich ihm lossagt, mag es ihn auch beleidigen oder seelisch oder körperlich treffen."

Gewalt ist demnach eine negative Kraft, die Leben schädigt oder zerstört. *Relative Gewaltlosigkeit* ist mehr oder weniger weitgehender Verzicht auf Gewalt. *Absolute Gewaltlosigkeit* ist gleichbedeutend mit dem Verzicht auf Leben überhaupt. *Gewaltfreiheit* ist eine positive Kraft, die die Gewalt überwindet.

Es besteht eine frappante Übereinstimmung zwischen Gandhis Ahimsa-Religion und Albert Schweitzers Ethik der *Ehrfurcht vor dem Leben*. Diese Ethik gründet sich auf die Einheit allen Lebens. Schweitzer[9]: "Wenn ich über das Leben nachdenke, empfinde ich die Verpflichtung, jeglichen Willen zum Leben in meiner Umwelt dem meinen gleichzusetzen." Er erkennt: "Ich bin Leben, das leben will, inmitten von Leben, das leben will." Wie Gandhi beschränkt sich Schweitzer nicht auf eine Ethik des Gewaltverzichts. Er begreift Ehrfurcht vor dem Leben vielmehr positiv als Wohlwollen und Liebe, Schutz und Förderung alles Lebendigen: "Die Grundidee des Guten besteht ... darin, daß sie gebietet, das Leben zu erhalten, zu fördern und zu seinem höchsten Wert zu steigern; und das Böse bedeutet: Leben vernichten, schädigen, an seiner Entwicklung hindern."

Wenn *Ahimsa* bei Gandhi *Gewaltfreiheit* bedeutet, dann bedeutet *Satjagraha gewaltfreier Widerstand* oder *gewaltfreier Kampf*. Ursprünglich verwendete er dafür den Begriff *passiver Widerstand*. Er erkannte aber schon bald, daß dieser Begriff völlig ungeeignet war, den Widerstand zu bezeichnen, den die Inder unter seiner Führung in Südafrika gegen die rassendiskriminierenden Gesetze der südafrikanischen Regierung leisteten. Er veranstaltete ein Preisausschrei-

---

[8] Fritz Kraus (Hrsg.): Vom Geist des Mahatma. Ein Gandhi-Brevier. Zürich 1957, S. 281
[9] Albert Schweitzer: Die Ehrfurcht vor dem Leben. Grundtexte aus fünf Jahrzehnten. München 1982 (dritte Auflage), S. 111

ben in seiner Zeitschrift *Indian Opinion*, um einen besseren Begriff zu finden[10]. Sein Vetter Maganlal Gandhi schlug Sadagraha, Treue einer guten Sache gegenüber, vor. Gandhi änderte das Wort in Satjagraha. Satja bedeutet Wahrheit, Wahrhaftigkeit und agraha bedeutet Festigkeit oder Kraft. Satjagraha ist demnach die Kraft der Wahrheit und der Liebe, Seelenkraft statt Körperschaft. Für Gandhi ist Wahrheit zugleich ein religiöser Begriff: Die Wahrheit ist Gott und Gott ist die Wahrheit. Satjagraha ist demnach die Kraft Gottes in uns.

Im Unterschied zum passiven Widerstand als einer Waffe der Schwachen beruht Satjagraha auf dem Einsatz von Seelen-, Wahrheits- oder Liebeskraft gegen Unrecht und Gewalt. Sie ist ein bewußter und freiwilliger Verzicht auf Gewalt, die als untaugliches Mittel erkannt wird, einen Konflikt dauerhaft und für alle Beteiligten befriedigend zu lösen. Folglich unterscheidet Gandhi zwischen einer *Gewaltlosigkeit der Starken* und einer *Gewaltlosigkeit der Schwachen*. Was er Gewaltlosigkeit der Schwachen nannte, nennen wir kurz Gewaltlosigkeit, und was er Gewaltlosigkeit der Starken nannte, nennen wir *Gewaltfreiheit*.

Unter Gewaltlosigkeit der Schwachen verstand er den Verzicht auf verletzende oder tötende Handlungen, nicht aber den Verzicht auf andere Formen der Machtentfaltung, z.B. durch Verweigerung von Gehorsam und Zusammenarbeit. Diese Formen des passiven Widerstands können mit Feindseligkeit und Haß gegenüber dem Gegner Hand in Hand gehen. Bei der Gewaltlosigkeit der Starken bzw. Gewaltfreiheit sind Übelwollen, Feindseligkeit und Haß jedoch ausgeschlossen, selbst da, wo man sich der Methoden der Nichtzusammenarbeit und des zivilen Ungehorsams bedient. Deshalb kann Gandhi auch sagen[11]:

"Zwischen passivem Widerstand und Satjagraha ist der Unterschied groß und grundsätzlich... Satjagraha kann jemand gegen die ihm Nächsten und Teuersten leisten; passiver Widerstand kann gegen sie niemals geleistet werden, außer natürlich in dem Falle, wenn sie aufgehört haben, uns teuer zu sein, und zum Gegenstand des Hasses geworden sind. Beim passiven Widerstand spielt immer der Gedanke mit, den Gegner zu plagen, und zugleich besteht die Bereitschaft, alle Beschwerlichkeit auf sich zu nehmen, die einem aus solcher Tätigkeit erwächst; bei Satjagraha dagegen gibt es nicht die leiseste Absicht, dem Gegner Schaden zuzufügen. Satjagraha fordert die Gewinnung des Gegners durch Leiden in der eigenen Person."

---

[10] Louis Fischer: Das Leben des Mahatma Gandhi. München (1951), S. 84 f
[11] Fritz Kraus (Hrsg.): Vom Geist des Mahatma. Ein Gandhi-Brevier. Zürich 1957, S. 167 f

Gewaltfreiheit ist demnach die Fähigkeit, Gewalt hinzunehmen ohne zurückzuschlagen oder zurückzuweichen, um sie auf diese Weise zu überwinden. Gewaltfreiheit wirkt wie ein Gegengift, welches das Gift der Gewalt, das in unsere persönlichen und gesellschaftlichen Beziehungen eingedrungen ist und sie zerstört, neutralisiert. Es handelt sich folglich nicht nur um die Abwesenheit von Gewalt, sondern um die Anwesenheit einer positiven, aktiven, aufbauenden, schöpferischen, heilenden und befreienden Kraft, die die Gewalt überwindet.

Gewalt und (relative) Gewaltlosigkeit sind in unserer Erfahrungswelt nahezu allgegenwärtig, nicht so Gewaltfreiheit. Sie begegnet uns, wenn überhaupt, äußerst selten. Es ist daher kein Wunder, daß wir keinen Begriff von ihr haben, sondern sie gewöhnlich mit Gewaltlosigkeit verwechseln. "Begriffe ohne Anschauungen sind leer, Anschauungen ohne Begriffe blind", meinte der Philosoph Immanuel Kant. So betrachtet ist Gewaltfreiheit für die meisten Menschen ein leerer Begriff. Christen werden hier womöglich widersprechen und darauf hinweisen, Gandhis Begriffe Ahimsa und Satjagraha seien den christlichen Begriffen Nächstenliebe und Feindesliebe verwandt. In der Tat glaube ich, daß Jesus von Nazareth und Gandhi dasselbe im Sinn hatten. Leider haben die christlichen Kirchen Jesu Lehre von der Feindesliebe in Gestalt der *Zwei-Reiche-Lehre* bis zur völligen Unkenntlichkeit verunstaltet. Nach der Zwei-Reiche-Lehre gilt es, einen *privaten* und einen *öffentlichen Bereich* zu unterscheiden. Im privaten Bereich gilt für den Christen das Gebot der Vergebung, der Nächsten- und Feindesliebe. Im öffentlichen Bereich dagegen, d. h. da, wo der Christ in staatlichem Auftrag handelt, gilt das Gesetz der Vergeltung, des Feindeshasses und der Feindesvernichtung. Ein geradezu erschreckendes Beispiel für die Zwei-Reiche-Lehre bietet Martin Luther, der sich zu folgender Behauptung versteigt[12]:

"Was ist der Krieg anderes, als Unrecht und Böses zu strafen? Warum führt man Krieg außer darum, daß man Frieden und Gehorsam haben will?... Darum ehrt Gott auch das Schwert (gemeint ist die Staatsgewalt) so hoch, daß er's seine eigene Ordnung nennt, und will nicht, daß man sagen oder wähnen sollte, Menschen hätten es erfunden oder eingesetzt. Denn die Hand, die solch ein Schwert führt und würgt, ist alsdann auch nicht eines Menschen Hand, sondern Gottes Hand, und nicht der Mensch, sondern Gott henkt, rädert, enthauptet, würgt und führt Krieg. Es sind alles seine Werke und seine Gerichte."

---

[12] Martin Luther: Ob Kriegsleut auch in seligem Stand sein können. Ausgewählte Schriften. Frankfurt a. M. 1982, Bd. 4, S. 177

Gandhi dagegen läßt eine solche Trennung nicht gelten. Sie ist für ihn nichts anderes als religiöse und ethische Schizophrenie. Er bekennt[13]:

"Immer und immer wieder habe ich die Erfahrung gemacht, daß das Gute Gutes hervorruft, das Böse aber Böses erzeugt. Wenn daher dem Ruf des Bösen kein Echo wird, büßt es aus Mangel an Nahrung seine Kraft ein und geht zugrunde. Das Übel nährt sich nur von seinesgleichen. Weise Menschen, denen diese Tatsache klargeworden ist, vergalten daher nicht Böses mit Bösem, sondern immer nur mit Gutem und brachten dadurch das Böse zu Fall."

Martin Luther King hat aus dem Studium der gewaltfreien Kampagnen Gandhis den Schluß gezogen, Jesu Lehre von der Nächsten- und Feindesliebe sei universell anwendbar, vorausgesetzt freilich, es finden sich genug gewaltfreie Kämpfer (Satjagrahis), die bereit sind, ihr Leben zu wagen. Er schrieb[14]:

"Ehe ich Gandhi gelesen hatte, glaubte ich, daß die Sittenlehre Jesu nur für das persönliche Verhältnis zwischen einzelnen Menschen gelte. Das 'Dem biete die andere Backe dar' und 'Liebe deine Feinde' galt meiner Meinung nach nur dann, wenn ein Mensch mit einem anderen in Konflikt geriet. Wenn aber Rassengruppen und Nationen in Konflikt kamen, schien mir eine realistischere Methode notwendig zu sein. Doch nachdem ich Gandhi gelesen hatte, sah ich ein, wie sehr ich mich geirrt hatte.

Gandhi war wahrscheinlich der erste Mensch in der Geschichte, der Jesu Liebesethik über eine bloße Wechselwirkung zwischen einzelnen Menschen hinaus zu einer wirksamen sozialen Macht in großem Maßstab erhob. Für Gandhi war die Liebe ein mächtiges Instrument für eine soziale und kollektive Umgestaltung. In seiner Lehre von der Liebe und Gewaltfreiheit entdeckte ich die Methode für eine Sozialreform, nach der ich schon so viele Monate gesucht hatte."

Wo im Einzelfall die Grenzlinie zwischen Gewalt und Gewaltlosigkeit, Gewaltlosigkeit und Gewaltfreiheit verläuft, ist nicht immer leicht zu entscheiden. Soll man beispielsweise einen Amokläufer oder einen geistesgestörten Gewalttäter sein blutiges Werk verrichten lassen, weil man ihn nicht verletzen oder töten darf? – Selbstverständlich ist der Versuch, ihn am Töten zu hindern, kein Verstoß gegen Ahimsa, selbst wenn er dabei unbeabsichtigt verletzt oder getötet werden sollte, denn das Motiv des Handelns ist nicht, Leben zu schädigen oder zu zerstören, sondern Leben zu schützen und zu erhalten. Ein anderer Grenzfall ist die Tötung eines schwer mißgebildeten oder eines tödlich

---

[13] Fritz Kraus (Hrsg.): Vom Geist des Mahatma. Ein Gandhi-Brevier. Zürich 1957, S. 134
[14] Martin Luther King: Freiheit. Der Aufbruch der Neger Nordamerikas. München 1968, S. 74

verletzten Tieres. Hier gebietet der Grundsatz der Ahimsa, das Tier, u.U. auch einen Menschen, von ihren sinnlosen Qualen zu erlösen[15].

Gandhi und Hitler oder Die Extremsituation

Gandhi war überzeugt, in der gewaltfreien Aktion ein universelles Mittel der Konfliktlösung gefunden zu haben. Sie sei, so meinte er, zu jeder Zeit, an jedem Ort und in jeder Situation mit Aussicht auf Erfolg anwendbar. Das heißt freilich nicht, sie sei grenzenlos. Wir haben bereits einige ihrer Grenzen kennengelernt. So ist sie beispielsweise ein untaugliches Mittel, Macht, Reichtum und Privilegien zu erwerben oder als Volk Territorium und Märkte zu erobern. Auch ist sie ein untaugliches Mittel, unrechtmäßig erworbenes Gut oder Land gegen die berechtigten Ansprüche anderer zu verteidigen.

Eine weitere Grenze der Gewaltfreiheit besteht darin, daß sie – wie Gandhi es ausdrückt – einen "lebendigen Glauben an Gott" voraussetzt. Das könnte so verstanden werden, als seien Atheisten von der Praxis der Gewaltfreiheit ausgeschlossen. Wer die Sache jedoch unvoreingenommen betrachtet, wird feststellen, daß sich Gewaltfreiheit in dem Sinn, wie Gandhi sie verstand, bei religiösen Menschen nur sehr selten findet, und daß sie aber durchaus auch bei nichtreligiösen Menschen gefunden werden kann. Das Wort Gott sollte daher durch Wahrheit ersetzt werden, zumal für Gandhi beide Worte im Kern dasselbe bedeuten: Gott ist die Wahrheit und die Wahrheit ist Gott. Jedenfalls sollte sich niemand, der an die Wahrheit glaubt, von der Praxis der Gewaltfreiheit ausgeschlossen fühlen. Entscheidend ist allerdings, daß der enge Zusammenhang von Wahrheit und Liebe (Ahimsa, Gewaltfreiheit) gesehen wird. *Liebe ist der Weg, Wahrheit das Ziel. Es gibt keinen Weg zur Wahrheit außer durch Liebe.*

Schließlich muß noch an eine dritte Grenze der Gewaltfreiheit erinnert werden. An welchem Maßstab messen wir den Erfolg oder Mißerfolg der Gewaltfreiheit? Eine mögliche Definition lautet: Erfolg ist die Erreichung selbstgesetzter Ziele. Dann gilt: *Das Ziel des gewaltfreien Handelns besteht in der Überwindung von Unrecht und Gewalt durch die Kraft der Wahrheit und der Liebe.* An diesem Maßstab gemessen, bedeute es ein Scheitern, wenn ein Mensch die Wahrheit aufgibt, selbst wenn er dadurch Macht, Reichtum und Privilegien, Ansehen und Ruhm erlangt. "Was hülfe es dem Menschen, wenn er die ganze Welt gewönne und nähme doch Schaden an seiner Seele?" (Mt 16,29). Andererseits bedeutet es einen Sieg, wenn ein Mensch an der Wahrheit

---
[15] Klaus Klostermeier (Hrsg.): Mahatma Gandhi. Freiheit ohne Gewalt. Köln (1968), S. 156

festhält, selbst wenn er dadurch seinen Besitz, seine berufliche Stellung, seine Freunde, seine Angehörigen, ja sogar sein Leben verliert. Es kommt folglich entscheidend darauf an, welchen Maßstab wir anlegen. Am Maßstab dieser Welt gemessen, sind Sokrates, Jesus, Gandhi, King und viele andere, deren Namen wir nicht kennen, gescheitert, am Maßstab jener Welt gemessen, haben sie gesiegt. Sie überwanden die Gewalt, indem sie sie erlitten, sie besiegten den Tod, indem sie ihn erduldeten.

Die Grenzen der Gewaltfreiheit als Methode der Konfliktaustragung liegen also nicht da, wo sie gewöhnlich gesehen werden. Dennoch gehören Sätze wie die folgenden zum unerschöpflichen Argumentationsrepertoire der Skeptiker: Gewaltfreiheit kann nur Erfolg haben, wenn der Gegner – wie die Engländer in Indien – demokratisch, human und moralisch ansprechbar ist, ferner, sofern er das Wertesystem der Widerständler teilt und durch Leiden um der Wahrheit willen ansprechbar ist. Oder, es gibt Menschen, die verstehen nur die Sprache der Gewalt, folglich muß man in dieser Sprache mit ihnen reden. Oder, Gandhi hätte einem Hitler gegenüber nichts ausgerichtet. Er wäre schon nach wenigen Stunden im KZ verschwunden oder auf der Stelle liquidiert worden.

Die Behauptung zumal, ein Hitler könne nur mit Gewalt besiegt werden, wird gern als Knüppel benutzt, um jeden argumentativen Widerstand niederzuschlagen. Wer sie bezweifelt, kann nur verrückt sein, im besten Falle ahnungslos, was die Realität des Nationalsozialismus anbelangt. Wer die Texte des 21. Kapitels dieser Sammlung liest, wird erkennen, daß Gandhi, der ja ein Zeitgenosse Hitlers und Stalins war, sich nicht scheute zu behaupten, auch einem Hitler und den Nazis gegenüber könne Gewaltfreiheit mit Aussicht auf Erfolg eingesetzt werden. Deshalb empfahl er den Tschechen, den Polen und selbst den Juden in Deutschland gewaltfreien Widerstand gegen Hitler. Diese Empfehlung hat ihm scharfe Kritik eingetragen, selbst von dem ihm an sich freundlich gesinnten Martin Buber[16].

Für Gandhi ging es in dieser Diskussion um die Grundsatzfrage, ob Gewaltfreiheit auch einem Hitler gegenüber mit Aussicht auf Erfolg anwendbar ist. Er hätte selbstverständlich der trivialen Feststellung zugestimmt, daß man einen gewaltfreien Kampf (Satjagraha) nur führen kann, wenn man gewaltfreie Kämpfer (Satjagrahis) hat, so wie man einen Krieg nur führen kann, wenn man Soldaten hat. Daß es – von wenigen Ausnahmen abgesehen – in Europa keine gewaltfreien Kämpfer gab, weder bei den nichtjüdischen noch bei den jüdi-

---

[16] Mahatma Gandhi und Martin Buber: Juden, Palästina und Araber. München 1961. Siehe auch: M. K. Gandhi: Non-violence in Peace and War. Ahmedabad 1942, vol. 1, pp 170–74, 176–77, 218–21, 461–67

schen Deutschen, noch bei den Alliierten, ist eine traurige Wahrheit. Insofern war seine Empfehlung in den Wind gesprochen.

Aber war Gandhi sich wirklich darüber im klaren, was sich mit dem Namen Hitler verband? Ich denke, er wußte es, denn er schrieb bereits nach der Reichspogromnacht im November 1938[17]: "Ein Krieg gegen Deutschland zur Verhinderung der frevelhaften Verfolgung einer ganzen Rasse wäre völlig gerechtfertigt, wenn es überhaupt einen gerechten Krieg im Namen der Menschlichkeit und für sie geben könnte." Es schmerzt, wenn der Frankfurter Friedensforscher Egbert Jahn, der sich selbst einen Gandhi-Anhänger nennt, diesen oder einen ähnlichen Satz aus dem Zusammenhang reißt, um zu begründen, Gandhi habe die gewaltsame Niederwerfung Hitlers durch die Alliierten bejaht[18]. Er fügt damit den zahlreichen Legenden und Falschmeldungen, die über Gandhi im Umlauf sind, eine weitere hinzu, denn Gandhi fährt fort: "Aber ich glaube an keinen Krieg". Er hätte allerdings, daran gibt es keinen Zweifel, den gewaltsamen Widerstand – selbst mit all seinen Kosten und seiner Vergeblichkeit – einer feigen Unterwerfung unter einen Hitler oder Stalin vorgezogen.

Das Argument, die gewaltfreien Methoden könnten nur gegen einen humanen Gegner eingesetzt werden, hätte Gandhi nicht gelten lassen. Er setzte ihm vielmehr eine einfache Rechnung entgegen: Wenig Gewalt kann durch wenig Gewaltfreiheit, viel Gewalt durch viel Gewaltfreiheit und sehr viel Gewalt durch sehr viel Gewaltfreiheit überwunden werden[19]. Dieses Gesetz wirkt mit wissenschaftlicher Genauigkeit. Wo wahre Gewaltfreiheit wirkt, beginnt auch das härteste Herz zu schmelzen. Es kann nicht anders, selbst wenn es sich noch so sehr dagegen wehrt, sowenig, wie das Eis verhindern kann, daß es schmilzt, sobald die Temperatur über null Grad Celsius ansteigt. Doch sowenig, wie ein Eisblock plötzlich verschwindet, sobald das geschieht, sowenig verschwindet die Gewalt schlagartig, zumal, wenn sie in Gestalt struktureller Gewalt in den bestehenden Macht- und Besitzverhältnissen gleichsam geronnen ist. Hier bedarf es unendlicher Geduld, Festigkeit und Ausdauer. Doch wird sich das Ergebnis, vorausgesetzt, es handelt sich um echte Gewaltfreiheit, ebenso sicher einstellen, wie das allmähliche Verschwinden des Eisblocks.

Und doch, wäre das Opfer eines Einzelnen, etwa eines jüdischen Gandhi, der bereits nach wenigen Minuten des offenen, gewaltfreien Widerstands verhaftet, ins KZ verschleppt und liquidiert würde, nicht völlig vergebens?

---

[17] Mahatma Gandhi und Martin Buber: Juden, Palästina und Araber. München 1961, S. 6
[18] Dirk Kurbjuweit: Frieden mit aller Gewalt. In: Die Zeit vom 5. 2. 1993, S. 13–15
[19] Richard Attenborough (Hrsg.): Mahatma Gandhi. Ausgewählte Texte. München 1983, S. 82

Gandhi dachte nicht so[20]: "Gewaltfreiheit in ihrem dynamischen Aspekt heißt 'bewußtes Leiden'. Es heißt nicht ergebene Unterwürfigkeit gegenüber dem Willen des Übeltäters, sondern es heißt, die ganze Seele gegen den Willen des Tyrannen zu setzen. Wenn jemand unter diesem Gesetz unseres Daseins wirkt, dann ist es für einen Einzelnen möglich, der ganzen Macht eines ungerechten Reiches zu trotzen, um seine Ehre, seine Religion, sein Selbst zu retten und den Grund für den Fall oder die Erneuerung dieses Reiches zu legen."

Wer der Kraft der Gewaltfreiheit vertraut, glaubt, daß das Selbstopfer eines Einzelnen, einer Gruppe oder eines ganzen Volkes im gewaltfreien Kampf nicht vergeblich ist, selbst wenn es vergeblich zu sein scheint. Sofern die Kraft der Gewaltfreiheit größer ist als die Kraft der Gewalt, wird sich der Erfolg früher oder später einstellen.

Nicht selten wird eine einfache Rechnung aufgemacht: Wenn die gewaltsame Niederwerfung des deutschen und des japanischen Militarismus im Zweiten Weltkrieg fünfzig Millionen Todesopfer gefordert hat, von den unermeßlichen Sachschäden und der gigantischen Ressourcenverschwendung für Rüstung und Armeen ganz abgesehen, um wieviel mehr hätte ein gewaltfreier Kampf an Todesopfern und Sachschäden gefordert. Schlimmer noch, ein derartiger Widerstand wäre mit Sicherheit gescheitert mit dem Ergebnis, daß Hitler sich zum Herrn der Welt aufgeschwungen und die Völker der Erde in eine tausendjährige Sklaverei geführt hätte. Ist da jemand, der diesem Szenarium zu widersprechen wagt? – In der Tat, da ist jemand. Ein kleiner indischer Rechtsanwalt, den der Realpolitiker Winston Churchill verächtlich einen "halbnackten Fakir" nannte.

Gandhi würde eine Gegenrechnung aufmachen: Unterstellt, es hätte in Europa eine Tradition des gewaltfreien Widerstands gegeben. Unterstellt weiterhin, dieser Widerstand hätte aus dem Ersten Weltkrieg und dem Versailler Friedensvertrag, der ja nur eine Art Waffenstillstandsabkommen war, die richtigen Schlußfolgerungen gezogen, nämlich die, daß Gewalt niemals durch (größere) Gewalt überwunden werden kann. Gesetzt den Fall, das Unwahrscheinliche wäre geschehen und diese Bewegung hätte in ganz Europa mit Ausnahme von Deutschland, Italien, Spanien und Rußland gesiegt, sodaß jene Nationen ihre Rüstungsindustrien und ihre Armeen abgeschafft hätten, weil sie sie als nutzlos, ja schädlich erkannten. Selbstverständlich hätten diese Staaten dann auch eine andere Deutschlandpolitik betrieben. Sie hätten beispielsweise frühzeitig die demütigenden Bedingungen des Versailler Friedensvertrags revidiert und Deutschland wieder in den Kreis der zivilisierten Völker aufgenommen. Wir

---

[20] Klaus Klostermeier (Hrsg.): Mahatma Gandhi. Freiheit ohne Gewalt. Köln (1968), S. 163 f

haben Grund zu bezweifeln, ob Hitler unter solchen Umständen überhaupt an die Macht gekommen wäre. Doch unterstellt, er hätte es trotzdem geschafft. Er hätte sich sogar aufrichtig über die Abrüstungspolitik der europäischen Großmächte Frankreich und England gefreut, da er sie, wie die Appeasementpolitik eines Chamberlain, als Zeichen der Schwäche gedeutet hätte, die seinen Welteroberungsplänen entgegenkam.

Hitler hätte also, nachdem er seine totalitäre Herrschaft in Deutschland errichtet und die Kriegsvorbereitungen weit genug vorangetrieben, zur militärischen Eroberung der Welt angesetzt im Bündnis mit Mussolinis Italien, Francos Spanien und Stalins Sowjetunion. Es wäre gewissermaßen zu einem "Weltkrieg" gekommen, bei dem eine Seite mit einer zur Perfektion gesteigerten Gewalt, die andere Seite mit einer zur Perfektion gesteigerten Gewaltfreiheit gekämpft hätte.

Natürlich ist das Spekulation. Insofern ist es schwer zu sagen, wie viele Todesopfer und Sachschäden ein solcher "Krieg" gekostet hätte. Es ist auch schwer zu sagen, welche Seite ihn gewonnen hätte. Wäre er verloren gegangen, dann nach Gandhis Meinung nicht, weil die Gewaltfreiheit versagte, sondern weil es nicht genug Menschen gegeben hätte, die bereit gewesen wären, ihr Leben im Kampf gegen Terror, Unrecht und Gewalt zu wagen. Dennoch spricht alles dafür, daß ein gewaltfreier Sieg über Hitler – vorausgesetzt, es hätte nicht an gewaltfreien Kämpfern gefehlt – nur einen Bruchteil der Todesopfer gefordert hätte, die der Zweite Weltkrieg gefordert hat. Diese Einschätzung gründet sich darauf, daß die Spirale der Gewalt nicht hätte in Gang kommen können, hätte eine Seite bewußt darauf verzichtet, Gewalt mit Gewalt zu vergelten. Sie gründet sich weiterhin darauf, daß die Deutschen ja nicht ein Volk von lauter kleinen Hitlern waren. Sie waren als Volk nicht besser, aber auch nicht viel schlechter als andere Völker, d. h., sie hätten auf den gewaltfreien Widerstand der angegriffenen Völker früher oder später positiv reagiert. Auch dürfen wir nicht vergessen, daß es in Deutschland und den anderen Ländern des totalitären Lagers eine Widerstandsbewegung gegeben hat, die sich zweifellos mit dem gewaltfreien Widerstand in den besetzten Ländern verbündet hätte. Es wäre unmöglich gewesen, die Frontlinie zwischen dem totalitären und dem demokratischen Lager auf einer Karte einzuzeichnen, sie wäre nämlich in jeder Stadt und in jedem Dorf auf beiden Seiten der "kriegführenden" Parteien verlaufen.

Und was das wichtigste ist, das Ergebnis dieses "Weltkrieges" wäre ein echter Friede gewesen, nicht ein Waffenstillstand bis zum Beginn des Kalten Krieges. Es hätte weder die Bombenteppiche auf deutsche Städte, noch Hiroshima und Nagasaki gegeben. Es hätte auch Auschwitz nicht gegeben, denn dieses monströse Verbrechen war ja nur hinter dem Propagandavorhang des Krieges möglich. Und es wären gigantische Rüstungsausgaben vermieden worden. Vermutlich wäre die Atombombe gar nicht erst erfunden worden. – Einwurf: Deutsche Wissenschaftler hätten sie erfunden und Hitler die ideale Waffe zur Erpressung der ganzen Welt in die Hand gegeben. – Antwort: Sie wäre gar nicht nötig gewesen, denn Hitler hätte ja gar keinen militärischen Widerstand brechen müssen. Er hätte davon ausgehen können, daß die ihm zur Verfügung stehenden Gewaltinstrumente ausgereicht hätten, seine Weltherrschaft zu errichten.

Die Frage lautet folglich nicht: Wenn der gewaltsame Widerstand gegen Hitler schon fünfzig Millionen Todesopfer gefordert hat, um wieviel *mehr* hätte ein gewaltfreier gefordert, von den Sachschäden sowie den negativen Auswirkungen ganz abgesehen, sie lautet vielmehr: Wieviel *weniger* Todesopfer hätte ein gewaltfreier Widerstand gefordert, von vermiedenen Sachschäden, vergeudeten Ressourcen und negativen Auswirkungen ganz zu schweigen.

Doch unterstellen wir einmal – was gewiß nicht unrealistisch ist –, es hätten sich nicht genügend gewaltfreie Kämpfer und Kämpferinnen (Satjagrahis) gefunden, die totalitären Regime hätten folglich den Kampf gegen die Demokratien gewonnen. Dabei ist freilich zu bedenken, daß die für einen Sieg benötigte Anzahl nicht so groß ist, wie man anzunehmen geneigt sein mag. Denn so, wie wir beim Krieg zwischen kämpfender Truppe und der sie auf vielfältige Weise unterstützenden Bevölkerung unterscheiden, sollten wir auch beim gewaltfreien Kampf zwischen der "kämpfenden Truppe" der Satjagrahis und der sie unterstützenden Bevölkerung unterscheiden. Diese Unterstützung kann einerseits durch Protest und Verweigerung der Zusammenarbeit mit dem Gegner, andererseits durch Unterstützung der Widerständler und ihrer Familien erfolgen. Wie dem auch sei, unterstellt, der Kampf der Demokratien gegen den Totalitarismus sei verloren gegangen. Für die meisten Kritiker der Gewaltfreiheit ist das erstens ein Beweis dafür, daß die Methode versagt hat, und zweitens, daß dann das tausendjährige Reich der totalitären Diktatur, wie Orwell es in seinem Roman "1984" beschrieben hat, anbricht. Beide Annahmen sind jedoch mit guten Gründen zu bezweifeln.

Ist die Niederlage ein Argument gegen die Methode? Ein Feldherr, der aus einem verlorenen Krieg den Schluß zöge, der Krieg als Mittel der Konfliktaustragung sei gescheitert, und sich zum Pazifismus bekehrte, wäre eine höchst lächerliche Figur. Lächerlich nicht, weil er sich zum Pazifismus bekehrt. Das wäre vielmehr über die Maßen vernünftig, sofern er erkennt, daß militärische Gewalt, Gewalt überhaupt, kein geeignetes Mittel der Konfliktaustragung ist, sofern das Ziel des Kampfes darin besteht, einen Konflikt dauerhaft und für alle Beteiligten befriedigend zu lösen. Nein, das Lächerliche bestünde darin, daß er es aufgrund einer Niederlage tut. Es könnte doch auch sehr viel näherliegende Gründe für die Niederlage geben, z.b. seine eigene Unfähigkeit (darauf kommt ein Feldherr gewöhnlich zuallerletzt), die zahlenmäßige Unterlegenheit, unzulängliche Bewaffnung, fehlender Nachschub, mangelnde Kampfmoral oder unzureichende Versorgung der Truppe oder einfach mangelndes Kriegsglück. Desgleichen würde ein gewaltfreier "Feldherr", der aus einer Niederlage im Kampf den Schluß zöge, die Methode habe versagt, eine überaus lächerliche Figur abgeben. Die Niederlage könnte ja auch ganz anderen Ursachen zuzuschreiben sein: Seiner Unfähigkeit, dem Mangel an gewaltfreien Kämpfern, ihrer unzureichenden Ausbildung, ihrer mangelnden Kampfmoral usw. Sieg und Niederlage können vielfältige Ursachen haben, die Wahl der falschen Methode ist nur eine davon. Generell läßt sich sagen: *Zweck und Mittel, Weg und Ziel müssen übereinstimmen, soll der Zweck erfüllt, das Ziel erreicht werden.*

Nun zum zweiten Argument: dem Alptraum einer tausendjährigen Schreckensherrschaft. Dieser Alptraum hat einen aufrechten Demokraten wie Karl Jaspers dazu veranlaßt, die Atombombe als ein letztes und äußerstes Mittel, die Welt vor einem solchen Schicksal zu bewahren, zu bejahen. Dennoch ist er, so furchtbar er auch sein mag, übertrieben. Ihm liegt die Vorstellung zugrunde, die jeden Widerstand niederwalzende Dynamik totalitärer Regime sei grenzenlos bzw. ihre Grenze sei erst erreicht, wenn die Welt erobert ist. Wir wissen heute, daß diese Dynamik im Laufe der Jahre nachläßt und in einen Zustand der Erstarrung, ja der inneren Fäulnis übergeht. Hitlers Regime wurde durch den Zweiten Weltkrieg gestürzt. Über sein weiteres Schicksal können wir daher nichts Sicheres aussagen. Stalins Regime und das seiner Nachfolger, das trotz wesentlicher Unterschiede manche Ähnlichkeit mit dem Regime der Nazis hatte, ist an dieser inneren Erstarrung und Korruption bereits nach 74 Jahren zugrundegegangen. Eine viel zu lange Zeit im Hinblick auf die Leiden der Menschen und den entsetzlichen Zustand, in dem das Regime sie zurückgelassen hat – aber dennoch keine tausend Jahre.

Man könnte einwenden, die Existenz des "freien Westens" habe den Sturz der kommunistischen Regime überhaupt erst möglich gemacht. Aber ist das wirklich so? Hat nicht das Feindbild des westlichen Kapitalismus, Imperialismus und Militarismus entscheidend zur Stabilisierung der kommunistischen Herrschaft über Osteuropa beigetragen? Meines Erachtens sind diese Regime in erster Linie an der Ineffizienz ihrer Planwirtschaften und der Hypertrophie ihrer Staatsapparate zugrundegegangen. Sie waren am Ende gigantische Kolosse auf tönernen Füßen, die in sich zusammenbrachen, als die Bürgerrechtsbewegungen ihnen einen sanften Stoß versetzten. Der Alptraum einer tausendjährigen totalitären Herrschaft ist gewiß entsetzlich, doch realistisch ist er nicht.

Es kann somit keinen Zweifel geben, daß Gandhi einen gewaltfreien Sieg über Hitler und die Nazis für möglich hielt. Er hat den Alliierten denn auch vorgeworfen, sie hätten Hitler "überhitlert"[21], d. h. sie hätten die Gewalt Hitlers durch größere Gewalt übertroffen. Hitlers Propagandaminister Joseph Goebbels hat Gandhis Einschätzung auf seine Weise bestätigt, als er triumphierte[22]: "Wir werden siegen, selbst wenn wir untergehen, denn unsere Ideale haben sich tief in die Herzen unserer Feinde eingewurzelt".

Die westlichen Demokratien standen angesichts der Herausforderung durch den Totalitarismus vor der Wahl: sich entweder in Richtung auf wahre Demokratie, mit anderen Worten in Richtung auf Gewaltfreiheit zu entwickeln, oder sich den totalitären Regimen anzugleichen. Sie wählten das letztere. Vom Standpunkt Gandhis aus betrachtet, erscheinen sie daher als "verdünnter Faschismus und Nazismus". Diese Einschätzung ist umso berechtigter, als sie vom Standpunkt der Opfer des westlichen Imperialismus aus erfolgt.

Warum hat es keinen tschechischen, keinen polnischen, keinen englischen, keinen französischen und keinen jüdischen Gandhi gegeben, der seine jeweiligen Landsleute im gewaltfreien Kampf ausbildete, organsierte und führte? Diese Frage müssen sich Tschechen, Polen usw. stellen. Wir Deutsche müssen uns fragen: Warum hat es keinen deutschen Gandhi gegeben, der mit gewaltfreien Methoden die Machtergreifung Hitlers bzw. den Aufbau des totalitären Regimes nach der Machtergreifung verhinderte? Warum hat es keinen deutschen Gandhi gegeben, der die nichtjüdischen Deutschen im gewaltfreien Kampf ausbildete, organisierte und führte, um ihre jüdischen Mitbürger gegen rassistische Angriffe zu schützen? Menschen vom Format eines Gandhi sind selten, gewiß, doch das ist keine Entschuldigung für uns. Niemand erwartet von uns, daß wir kleine oder große Gandhis sind. Aber wir sollten uns selbst fragen, ob wir tun, was wir tun können, um unsere ausländischen Mitbürger oder Minderheiten gegen rechtsextremistische Angriffe zu schützen und so zu verhindern, daß es jemals wieder in Deutschland einen Hitler gibt.

Dieser Abschnitt kann nicht abgeschlossen werden, ohne auf die Funktion hinzuweisen, die die Diskussion von Extremsituationen in der Argumentationsstrategie von Bellizisten hat. Für sie kommt es entscheidend darauf an nachzuweisen, daß es individuelle oder kollektive Extremsituationen gibt, die

---

[21] Fritz Kraus (Hrsg.): Vom Geist des Mahatma. Ein Gandhi-Brevier. Zürich 1957, S. 306
[22] Ich habe für dieses Zitat keinen Nachweis gefunden. Es steht daher unter Vorbehalt.

den Einsatz von Gewalt rechtfertigen, weil jede andere Methode zum Scheitern verurteilt sei. Ist das gelungen, ist alles gewonnen. Denn selbstverständlich muß man sich auf solche Ausnahmesituationen vorbereiten. Damit sind Bewaffnung, Rüstung, Armee, Atomwaffen und alles, was dazu gehört, gerechtfertigt. Mehr bedarf's nicht. Die Extremsituation fungiert als Türöffner für die Rechtfertigung von Rüstung und Krieg, besser noch, als Öffner für die Büchse der Pandora, in der alle Übel dieser Welt versammelt sind. Selbst wenn man sämtliche Interpretationskünste dieser Welt aufbietet, Gandhi liefert einen solchen Büchsenöffner nicht.

Gandhis Alternative zu Krieg und Gewalt – Schanti Sena und konstruktives Programm

Die Friedensbewegung in Deutschland sieht sich oft mit der Frage konfrontiert: Wo bleibt Euer Protest und Euer Einsatz gegen die zynischen und brutalen Menschenrechtsverletzungen auf dem Balkan, in Iran und Irak, in Somalia und Nordirland, Nahost und Afrika? Selbst wenn diese Frage nicht immer von reiner Menschenliebe diktiert ist, so ist sie doch im Kern berechtigt. Einfache und schnelle Lösungen, die man wie Karnickel aus dem Zylinder ziehen kann, gibt es nicht – weder militärische noch nichtmilitärische. Vor militärischen "Befreiungsschlägen" für Sarajewo, Mostar, Tuzla usw. kann nur gewarnt werden. Wechselseitige Vorwürfe und bösartige Unterstellungen helfen nicht weiter, wo konstruktive Vorschläge und persönlicher Einsatz gefragt sind. Humanitäre Hilfe, so wichtig sie ist, genügt nicht. Bevor wir uns jedoch der Erörterung weitergehender Vorschläge zuwenden, sollten wir uns selbst prüfen, ob wir das an humanitärer Hilfe, was uns möglich ist, geleistet haben. Das ist das beste Heilmittel gegen weitverbreitete Stammtischparolen.

Auch die Empfehlung des Friedensforschers Dieter Senghaas[23], man hätte zu Beginn des Jugolawienkonflikts mit dem Einsatz massiver Militärgewalt drohen sollen, um den Konflikt im Keim zu ersticken, ist wenig hilfreich. Gesetzt den Fall, die Staatengemeinschaft hätte die Gefahr des Bürgerkrieges in Jugoslawien rechtzeitig erkannt und sich auf ein gemeinsames Vorgehen in kurzer Frist verständigt – was, unter praktischen Gesichtspunkten betrachtet, einem Wunder gleichgekommen wäre –, was wäre geschehen, hätte Milosevic, wie Saddam Hussein, dieser Drohung getrotzt? Entweder hätten sich die Vereinten Nationen lächerlich gemacht, weil offenbar geworden wäre, daß es sich um eine leere Drohung handelte, oder sie hätten der Drohung Taten folgen lassen mit dem Ergebnis, daß der Balkankrieg höchstwahrscheinlich zu einem

---

[23] Frankfurter Allgemeine Zeitung vom 7.7.1993, S. 7

zweiten Vietnam- oder einem zweiten Afghanistankrieg eskaliert wäre mit unermeßlichen Leiden für die Zivilbevölkerung. Und schließlich, welche Lehren soll man aus dem Bürgerkrieg ziehen, wenn die Behauptung, rechtzeitiges Eingreifen – was ist rechtzeitig? – hätte den Konflikt im Keim ersticken können, unwidersprochen bleibt? Die Konsequenz wäre eine Politik der Drohung bzw. der Anwendung des großen Militärknüppels, wo immer sich rassische, ethnische, nationale oder internationale Konflikte zeigen. Als ob sich Konflikte dadurch lösen lassen, daß man sie unterdrückt! Was dabei herauskommt, erleben wir gegenwärtig in Ost- und Südosteuropa.

Der Balkankrieg scheint für Folgetäter die Botschaft bereitzuhalten: Gewalt lohnt sich. Der Aggressor, der die internationale Gemeinschaft durch vorgetäuschte Verhandlungsbereitschaft lähmt, während er unter Bruch sämtlicher Waffenstillstandsvereinbarungen expandiert, wird belohnt. Doch ist das wirklich die Botschaft, sofern wir die Vergangenheit und die Zukunft des Konflikts einbeziehen? Lautet die Botschaft nicht vielmehr: Solange das Gesetz der Vergeltung in dieser Region regiert, wird es auch in Zukunft unermeßliches Leid auf allen Seiten verursachen?

Gandhis Antwort auf die Herausforderung von Krieg und Gewalt lautet: Schanti Sena oder Friedensbrigade. Darunter versteht er die Organisation gewaltfreier Kämpferinnen und Kämpfer (Satjagrahis) in kleinen, selbständig arbeitenden Gruppen (siehe 15. Kapitel). Solche Gruppen könnten und sollten in jedem Dorf und jedem Stadtteil entstehen. Mit ihrem Aufbau könnte hier und heute begonnen werden.

Die Friedensbrigaden sollten sich aus Personen zusammensetzen, die sich intensiv um die Theorie und Praxis der Gewaltfreiheit bemühen. Ihr Wirkungsfeld sollte in erster Linie die örtliche Gemeinde sein, aus der sie kommen. Sie sollten bei Konflikten auf lokaler Ebene eingreifen oder in Eigeninitiative gegen Diskriminierung, Unrecht und Gewalt vorgehen. In allen für ihre Tätigkeit erforderlichen Fertigkeiten sollten sie sich selbst ausbilden oder ausbilden lassen.

Die Friedensbrigaden sollten als eine Art Freiwillige Soziale Feuerwehr im kommunalen Bereich arbeiten. An Einsatzmöglichkeiten würde es nicht fehlen: Schutz von Ausländern und Minderheiten, Kampf gegen Rechts- und Linksextremismus, Umweltzerstörung, Rüstungsproduktion und -export usw.

Das Handwerk der gewaltfreien Konfliktaustragung würden sie bei der Lösung persönlicher, gruppeninterner und lokaler Konflikte erlernen. Obwohl ihr Haupteinsatzgebiet der kommunale Bereich ist, schließt das die Bildung eines Netzwerks aus Friedensbrigaden, das größere Aufgaben auf regionaler, nationaler und schließlich sogar internationaler Ebene in Angriff nehmen könnte, nicht aus. Solche Aufgaben würden gewöhnlich mit größeren Risiken für die Mitglieder der Friedensbrigaden verbunden sein. Es ist aber anzunehmen, daß sie aufgrund ihrer Erfahrung bei der Lösung persönlicher und lokaler Konflikte die Fähigkeit erworben haben, auch größere Belastungen und Risiken zu ertragen.

Doch würde sich der Arbeitsbereich der Friedensbrigaden keineswegs auf die friedliche Streitbeilegung und gewaltfreies Eingreifen beschränken. Für Gandhi setzt sich Gewaltfreiheit aus zwei Komponenten zusammen: dem gewaltfreien Kampf und dem konstruktiven Programm. Beide gehören so untrennbar zusammen wie Aus- und Einatmen, das linke und das rechte Bein. Aufgrund bitterer Erfahrungen in den indischen Unabhängigkeitskampagnen – sie endeten wiederholt in gewaltsamen Ausschreitungen und mußten abgebrochen werden – hielt er das konstruktive Programm für weitaus wichtiger als den gewaltfreien Widerstand. Würde es in vollem Umfang verwirklicht, meinte er, sei die Unabhängigkeit Indiens praktisch erreicht. Sie würde der Nation früher oder später zufallen, wie eine reife Frucht von einem gesunden Baum fällt.

Der Inhalt des konstruktiven Programms richtet sich nach den jeweiligen Gegebenheiten und ihren Erfordernissen. In Indien, einer Kolonie des Britischen Imperiums, bestand es nach Gandhis Auffassung in drei Hauptpunkten: Der Hindu-Moslem-Einheit, der Beseitigung der Unberührbarkeit und dem Aufbau einer heimischen Textilindustrie auf handwerklicher Basis. Später erweiterte er dieses Progamm auf 13 und schließlich auf 19 Punkte[24].

Für Gandhi war klar, daß die Herrschaft der Engländer in Indien nicht nur auf der Stärke der Engländer, sondern ebensosehr und noch mehr auf der Schwäche der Inder beruhte. Diese Schwäche zu überwinden, war das Ziel des konstruktiven Programms. Die Engländer hatten es verstanden, die vielfältigen sozialen, politischen und religiösen Gegensätze in Indien nach der Devise: "Teile und herrsche" zur Errichtung und Stabilisierung ihrer Herrschaft auszunutzen. Dazu gehörte der Gegensatz zwischen Moslems und Hindus ebenso wie die Schranken des Kastensystems und die völlige Rechtlosigkeit des Kastenlosen. In der Überwindung dieser Spaltungen und Gegensätze sah Gandhi daher eine unerläßliche Voraussetzung für die Beendigung der englischen Fremdherrschaft und den Aufbau eines demokratischen Staatswesens.

---

[24] M. K. Gandhi: Constructive Programme. Its Meaning and Place. Ahmedabad 1941

Die Zerstörung der indischen Textilproduktion durch die Engländer im 19. Jahrhundert hatte das Land wirtschaftlich ruiniert. Folglich versuchte Gandhi durch den Aufbau einer heimischen Textilindustrie auf handwerklicher Basis die wirtschaftliche Abhängigkeit von den Engländern in diesem Bereich zu überwinden, um auf diese Weise die Voraussetzung für die politische Unabhängigkeit Indiens zu schaffen. Er sah das Heil Indiens nicht in einer Industrialisierung nach westlichem Muster, sondern in der Entwicklung des Dorfhandwerks und der dörflichen Landwirtschaft. "Produktion durch die Massen statt (industrieller) Massenproduktion", lautete seine Devise. In einer Zeit wachsender Umweltzerstörung, zunehmender weltwirtschaftlicher Ungleichheit und der Vernichtung unzähliger Arbeitsplätze durch den technisch-industriellen Fortschritt sehen wir Gandhis Wirtschaftskonzept, das auf *Wohlfahrt für alle* (Sarwodaja) abzielt, in einem anderen Licht als seine Zeitgenossen, die darin nur Sozialromantik und reaktionäre Verklärung einer vergangenen Epoche zu sehen vermochten.

In Deutschland hätte das konstruktive Programm einen anderen Inhalt, auch wenn der Geist, aus dem es geboren würde, derselbe wäre. Hier ginge es in erster Linie darum, sich der Tatsache bewußt zu werden, daß wir Deutschen als Nation zu den Ausbeutern der Völker der Dritten Welt und der Natur gehören. Es ginge um eine kritische Überprüfung unseres Lebensstils als Einzelne, als Gruppe und als Nation. Es ginge darum, einen Ausgleich zwischen reichen und armen, mächtigen und machtlosen, angesehenen und verachteten Klassen und Nationen herbeizuführen. Es ginge um Demokratisierung und Dezentralisierung sämtlicher Lebensbereiche. Und es ginge schließlich um die Überwindung des Kapitalismus und Militarismus in Richtung eines gewaltfreien, liberalen und demokratischen Sozialismus.

Kein Zweifel, Arbeit gäbe es mehr als genug, sowohl auf dem Feld der friedlichen Streitbeilegung und des gewaltfreien Kampfes, als auch auf dem Feld aufbauender Tätigkeit. Die Arbeit der Friedensbrigaden würde die Gesellschaft im Laufe der Zeit tiefgreifend umgestalten. Sie würde die personale und strukturelle Gewalt abbauen, das heißt, die gesellschaftlichen Strukturen allmählich in Richtung auf Dezentralisierung, Egalisierung, Demokratisierung und Verminderung der außenwirtschaftlichen Abhängigkeit verändern. In einer fernen Zukunft könnten Friedensbrigaden vielleicht sogar Aufgaben erfüllen, die heute von Polizei und Militär wahrgenommen werden.

Eine begrenzte staatliche Förderung der Friedensbrigaden sollte nicht ausgeschlossen sein. Doch sollten sie ihre Unabhängigkeit gegenüber dem Staat, den Parteien und gesellschaftlichen Interessengruppen unter allen Umständen verteidigen. Ihre Mitglieder sollten bürgerlichen Berufen nachgehen, zumindest als Teilzeitbeschäftigte. Im übrigen aber sollte die Finanzierung der Arbeit, falls nötig, durch Spenden erfolgen.

Das Verhältnis zwischen den Friedensbrigaden und dem Staat kann nur ein gespanntes sein. Der Staat gründet sich im wesentlichen auf die Androhung oder Anwendung von Zwang und Gewalt. Die Friedensbrigaden gründen sich dagegen auf Freiwilligkeit und Gewaltfreiheit. Ihr Ziel ist es, den Staat als Herrschafts- und Gewaltinstrument in dem Maße überflüssig zu machen, wie die Menschen es lernen, Konflikte gewaltfrei auszutragen und zu lösen, einschließlich der Verteidigung gegen militärische Angriffe von innen (Staatsstreich und Bürgerkrieg) oder außen (Intervention und Krieg). Dem Staat die Finanzierung und damit die Kontrolle über die Friedensbrigaden einzuräumen, hieße, den Bock zum Gärtner machen. Das Schicksal der kritischen Friedensforschung in Deutschland, die durch den Entzug staatlicher Förderung gelähmt zu werden droht, sollte uns eine Warnung sein.

Bürgerinitiativen, Friedensgruppen und Umweltschutzorganisationen können m.E. als Vorformen der Friedensbrigaden gelten. Der Berliner Friedens- und Konfliktforscher Theodor Ebert hat versucht, im Rahmen der Evangelischen Kirche von Berlin-Brandenburg das Konzept der Friedensbrigaden für die Bundesrepublik fruchtbar zu machen[25]. Das Ergebnis seiner Bemühungen um einen *zivilen Friedensdienst* ist bis jetzt nicht gerade ermutigend. Ich sehe den Grund für den bescheidenen Erfolg allerdings weniger in den Schwächen des Konzepts als in der mangelnden Bereitschaft und Fähigkeit, es zu verwirklichen.

Von Friedensmärschen in das bosnische Kriegsgebiet mit dem Ziel, die bedrohte Bevölkerung belagerter Städte vor der Brutalität einer gewissenlosen Soldateska zu schützen, ist abzuraten. Ich bewundere den Mut und die Einsatzbereitschaft der Teilnehmerinnen und Teilnehmer am Internationalen Friedensmarsch *Mir Sada* im Sommer 1993[26]. Ein derartiges Unternehmen scheint mir jedoch nur verantwortbar, wenn

– eine Zusammenarbeit mit Friedensgruppen vor Ort gewährleistet ist,

– eine mindestens einjährige konzentrierte Ausbildung in gewaltfreier Konfliktaustragung stattgefunden hat und

---

[25] gewaltfreie aktion. Vierteljahreshefte für Frieden und Gerechtigkeit. Nrn. 91–98. Christian Büttner: Sechzig Jahre Friedensbrigaden. Zu beziehen über Gandhi-Informationszentrum, Lübecker Str. 44, 10559 Berlin

[26] Christine Schweitzer: Mir Sada. Die Geschichte einer mißlungenen gewaltfreien Intervention in Bosnien. In: gewaltfreie aktion, Nr. 97/98, S. 25–30

– die Teilnehmer sich für mindestens ein Jahr für den Einsatz vor Ort verpflichten.

Sind diese Bedingungen nicht erfüllt, droht die Initiative an inneren Reibungen und Konflikten zu scheitern oder sie gerät zu einem Himmelfahrtskommando. Der Friedensmarsch hat m.E. die Fragwürdigkeit schlecht vorbereiteter, unzureichend ausgebildeter und daher kaum handlungsfähiger Friedensgruppen deutlich gezeigt.

Das im besten Fall langfristig wirksame Konzept der Friedensbrigade hilft bei aktuellen Menschenrechtsverletzungen auf dem Balkan und anderswo wenig. Was bleibt in dieser Situation an unmittelbar wirksamen Handlungsmöglichkeiten? Hier einige keineswegs erschöpfende Vorschläge:

1. Humanitäre Hilfe für die notleidende Bevölkerung und für Kriegsflüchtlinge.

2. Unterstützung von und Zusammenarbeit mit Friedensgruppen in den kriegführenden Ländern.

3. Angebot, Einheiten des technischen Hilfswerks zur Aufrechterhaltung der Infrastruktur einzusetzen.

4. Positive Sanktionen, d. h. das Angebot wirtschaftlicher Hilfe nach einem Friedensschluß, der die berechtigten Interessen aller Beteiligten berücksichtigt.

5. Negative Sanktionen, z. B. Embargo für Rüstungsgüter, Waffen und Öl oder Boykott von Wirtschaftsgütern, die möglichst zielgenau die Verantwortlichen für die Menschenrechtsverletzungen treffen sollten. In jedem Fall sind Embargo und Boykott nicht unproblematisch, da sie gewöhnlich nur durch Zwangsmaßnahmen gegen Embargo- oder Boykottbrecher wirksam gemacht werden können.

6. Eindeutige Verurteilung von Menschenrechtsverletzungen durch die Völkergemeinschaft, wo immer und von wem immer sie begangen werden.

7. Sammlung von Beweismaterial über derartige Verletzungen und Anklage der Täter vor einem internationalen Gerichtshof, wann immer sie gefaßt werden (etwa bei Auslandsreisen).

8. Stationierung eines starken Radiosenders außerhalb der Landesgrenzen, der die Bevölkerung mit zuverlässigen Nachrichten versorgt und auf

diese Weise die Glocke aus Propaganda und Lüge durchstößt, die die kriegführenden Regierungen ihrer jeweiligen Bevölkerung überstülpen.

9. Blauhelmeinsätze der UNO zur Begleitung von Nahrungsmittelkonvois, Überwachung von Waffenstillstandslinien und dgl.

Fazit: Gandhis Konzept der Friedensbrigaden bzw. der Sozialen Verteidigung bietet eine konstruktive Alternative zu Rüstung und Armee, so wie sein Konzept der Gewaltfreiheit eine konstruktive Alternative zur Gewalt bietet. Ob es allerdings jemals Wirklichkeit wird, liegt allein an uns. Gandhi hat nach den entsetzlichen Greueltaten bei der Teilung des indischen Subkontinents im Sommer 1947 eingeräumt, er habe fälschlich angenommen, seine Landsleute hätten im Laufe des Unabhängigkeitskampfes die *Gewaltlosigkeit der Starken* entwickelt. Wie sich nun zeige, habe es sich jedoch bestenfalls um die *Gewaltlosigkeit der Schwachen* gehandelt. Er hat sich diese Fehleinschätzung als sein persönliches Versagen angerechnet. Doch entgegen der Falschmeldung, er habe am Ende seines Lebens das Prinzip der Gewaltfreiheit aufgegeben, da er den Preis des gewaltfreien Widerstands für zu hoch erachtete[27], hat er bis zuletzt an seinem Glaubensbekenntnis festgehalten:

"Es gibt keine Hoffnung für die schmerzerfüllte Welt, außer auf dem engen und geraden Pfad der Gewaltfreiheit. Millionen mögen wie ich dabei scheitern, die Wahrheit in ihrem Leben zu bezeugen. Das wäre dann ihr Scheitern, niemals aber das des ewigen Gesetzes."

---

[27] Thomas Laker: Ziviler Ungehorsam. Geschichte – Begriff – Rechtfertigung. Baden-Baden 1986, S. 48